> »Es gibt keine Belgier,
> sondern Wallonen und
> Flamen.«
> (Jules Destrée, Belgischer Schriftsteller,
> 1863 – 1936)

Rainer Kiedrowski, der Fotograf dieses DuMont Bildatlas, hat den Auftrag, in Flandern und Brüssel zu fotografieren, besonders gern angenommen, ist er doch ohnehin regelmäßig in Belgien unterwegs.

Von Frankfurt aus startet die Reisejournalistin und Buchautorin **Rita Henß** zu Recherchereisen in die ganze Welt. Belgiens Norden mag sie wegen der malerischen Städtchen und Brüssels internationalem Flair ganz besonders.

Liebe Leserinnen, liebe Leser!

Die Impressionen, die doppelseitigen Aufmacherbilder am Anfang dieses Bandes, verraten es bereits: Die belgische Hauptstadt Brüssel und Flandern, der nördliche Landesteil Belgiens, sind faszinierende Reiseziele. Mittelalterliche Städtchen wie Gent oder Brügge, einmalige Sehenswürdigkeiten wie das Rubenshaus in Antwerpen oder Burg Gravensteen, trendige Szeneviertel oder schöne Naturlandschaften – Sie haben die Wahl!

Sightseeing und Strandspaß

Erstaunlicherweise konzentriert sich ein Großteil der Belgien-Urlauber auf die Seebäder an der Küste. Natürlich kann man hier herrliche Ferien verleben. Ein besonderes Vergnügen ist übrigens das Sandsegeln. Mit einem kleinen Segelwagen flitzt man am endlosen Strand hin und her, auch Anfänger können es probieren (s. S. 113). Für mich liegen die wahren Attraktionen jedoch im Hinterland der Küste. Brüssel schätze ich als tolles Städtereiseziel. Ich mag die internationale Atmosphäre in Brüssel, ich mag auch die etwas vernachlässigten Seiten der Stadt und die Nonchalance, mit der die Brüsseler das Leben so nehmen, wie es ist.

Lust am Genuss

Und auf kulinarische Genüsse müssen Sie selbstverständlich nicht verzichten. Ihre persönlichen Restaurant-Highlights empfiehlt Rita Henß auf S. 54. Aber die Auswahl ist natürlich viel größer. Allein Brüssel bringt es auf stattliche 25 Michelin-Sterne, und in ganz Flandern gibt es bezogen auf die Einwohnerzahl mehr Sternerestaurants als in Frankreich. Die Belgier zelebrieren die Lust am Genuss bei jeder Gelegenheit. So gönnen sie sich ganz regelmäßig süße Köstlichkeiten – über 12 kg Pralinen nascht jeder Belgier pro Jahr. Die besten Chocolatiers verraten wir Ihnen auf S. 106. Oder mögen Sie es lieber etwas herber? Manche der hervorragenden belgischen Biere prickeln wie Champagner (S. 88)!
Herzlich

Ihre

Birgit Borowski

Birgit Borowski
Programmleiterin DuMont Bildatlas

Impressionen

Brüssel

Flämisch-Brabant und Limburg

Antwerpen und seine Provinz

UNSERE FAVORITEN

BEST OF ...

DuMont
Aktiv

Genießen   Erleben   Erfahren

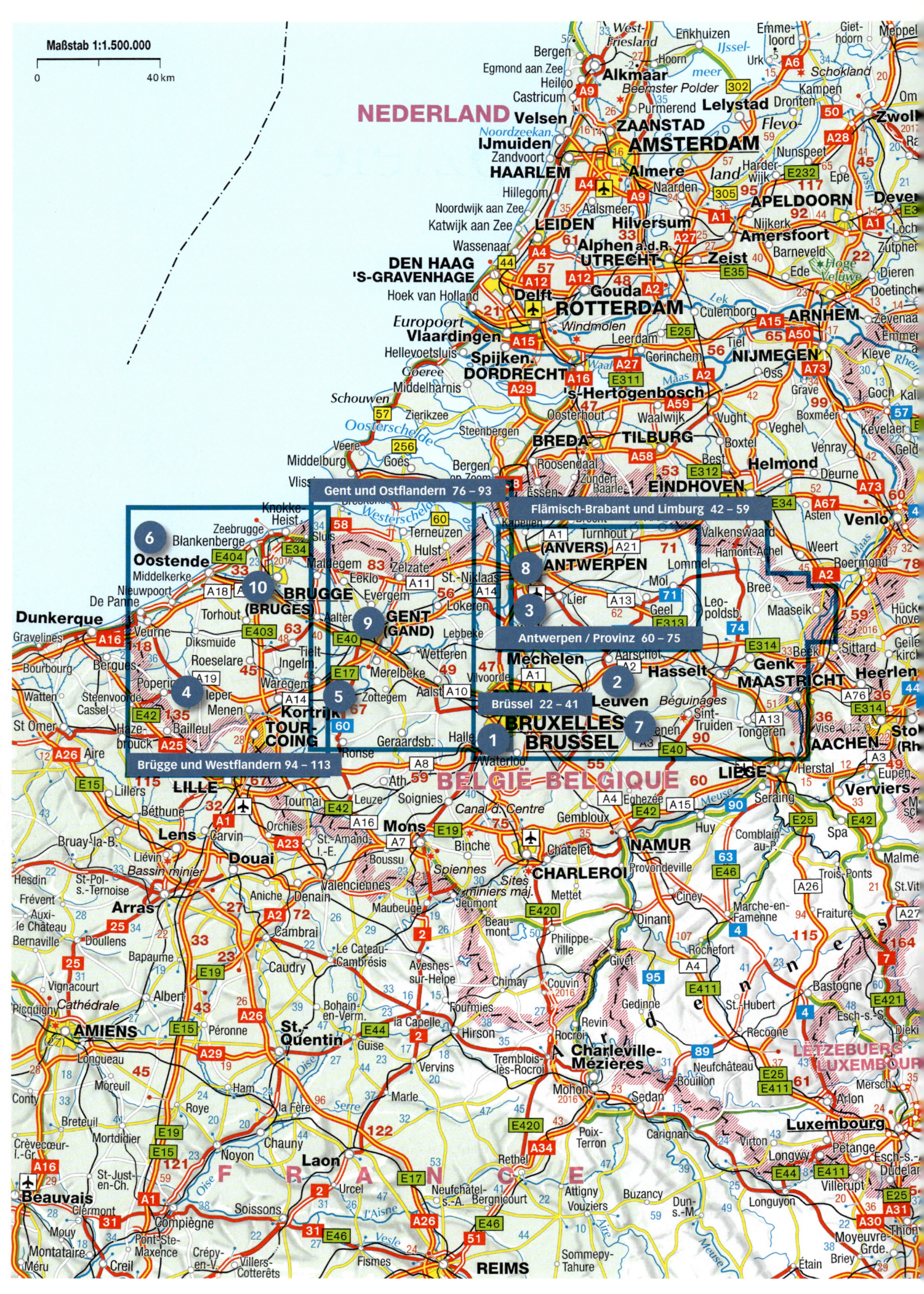

Topziele

Die bedeutendsten Ziele in Flandern auf den Gebieten Kultur, Aktiv und Erleben haben wir hier für Sie zusammengestellt. Auf den Infoseiten ist das jeweilige Highlight mit TOPZIEL *gekennzeichnet.*

ERLEBEN

1 Ommegang: In prunkvolle Kostüme gekleidet, nehmen Hunderte von Personen am großen Umzug teil, der jenem historischen von Kaiser Karl V. in Brüssel huldigt. **Seite 41**

2 Leuven: Die brabantische Metropole ist Universitätsstadt und entsprechend lebendig, neben Museen laden viele Kneipen zum Besuch. **Seite 57**

3 Glockenspiel-Metropole: Mechelen „klingt" ganz besonders in den Ohren vieler Musikliebhaber: die Kunst des Glockenspiels hat hier eine lange Tradition, wie in Konzerten gut zu hören ist. **Seite 75**

4 Ieper: Im interaktiven Museum In Flanders Fields in Ieper erleben Besucher nach, wie es den Soldaten des Ersten Weltkriegs in den Schützengräben erging. **Seite 113**

AKTIV

5 Centrum Ronde van Vlaanderen: In Oudenaarde kann man sich mit den Großen des Radsports messen. **Seite 93**

6 Königin der Seebäder: Oostende liegt als Stadt unmittelbar am Meer. Ihr weiter Strand lädt zum Baden ein. **Seite 112**

KULTUR

7 Brüssel: Die multikulturelle Stadt begeistert mit prachtvollen Häusern an der Grand' Place, Königlichen Museen und der Geschäftigkeit des EU-Viertels. **Seite 39**

8 Antwerpen: Diamanten und Mode verbinden sich mit Flanderns Tor zur Welt, in dem unter anderem das Rubens-Huis den kreativen Geist des Landes spiegelt. **Seite 73**

9 Gent: An Korenlei und Graslei in der Universitätsstadt entspannen, bevor der Genter Altar bestaunt wird. **Seite 91**

10 Brügge: Die Stadt lebt von ihren Grachten und Gassen, den vielen interessanten Bauten und netten Läden. **Seite 111**

Über Brügges Wasserstraßen

In Flandern ist Wasser allgegenwärtig – breite Wasserwege wechseln sich mit schmalen ab, Grachten durchziehen alte Städte. Bei einer Grachtenfahrt durch Brügge kann man sich dem Charme des Städtchens ganz entspannt hingeben. Jede Biegung eröffnet neue Perspektiven auf Kanalhäuser und kultiviertes Ufergrün.

Weltstadt Antwerpen

Imposant ist, was das junge Museum aan de Stroom im Viertel „Het Eilandje" in seinem Innern birgt: Auf mehreren Ausstellungsebenen widmet sich das Speicherhaus der Rolle Antwerpens als Stadt. Es setzt sie in Verbindung mit den Themen Macht, Weltstadt, Welthafen sowie Leben & Tod. Dazu kommen Sonderausstellungen. Besucher können dies alles erleben, indem sie über einen Boulevard flanieren.

Gents schöne Häuser
fest im Blick

Zu beiden Seiten des Ufers reihen sich prachtvolle Zunfthäuser mit imposanten Treppengie-
beln, sodass die Wahl schwerfällt: bleiben und
in einem der Restaurants in das wunderbar
lebendige, von Studenten bevölkerte Bild versin-
ken? Oder eines der Boote vor der abendlichen
Kulisse an Graslei oder Korenlei besteigen und
sanft über die Wasserwege Gents schippern?

Trachten- und kostümreiche Prozessionen

....

In einem Land mit einer derart wechselvollen Geschichte muss viel Platz für die unterschiedlichsten Traditionen sein. Ganz weltlich ist im Juli der Ommegang in Brüssel, der schon auf Karl V. zurückgeht. Im Christentum verankert ist hingegen die Heiligblutprozession von Brügge (Bild), die an Christi Himmelfahrt stattfindet. Es wird eine Reliquie mit einigen Tropfen von Christi Blut mitgeführt. Fußgruppen bilden die doch recht ehrenvolle Begleitung.

Mit noblem Schick

Die Brüsseler Ladenpassagen heben sich
deutlich von der gläsernen Kühle mancher
Outlets ab. Hier umfängt Belle-Époque-
Atmosphäre die Schaufenster-Bummler,
stilvoll dekorierte Geschäfte verlocken zum
Stehenbleiben und Schauen, nicht weniger
stilvoll lässt sich dann der Kaffee in einem
der Cafés in den Galerien genießen.

Hinein ins Strandvergnügen!

Ist das herrlich! Da reist man an die Küste West-flanderns, in eines der einst mondänsten Seebä-der Europas: nach Knokke-Heist, und schon emp-fängt einen der beliebte Badeort mit Sandstrand und bunten Strandbuden, deren Anblick gleich Laune auf einen tollen Strandurlaub macht.

Die schönsten Schlösser und Schlossparks

Trutzig und verspielt

Ob große Landvilla, verspieltes Schloss oder trutzige Burg: meist sind diese historischen Bauwerke Flanderns nicht nur von Wasser umgeben, sondern auch von malerischen Parks und Gärten. Besonders eindrucksvoll sind dabei jene, die nicht nur ein faszinierendes Grün bieten, sondern sich besonderen Blüten widmen – wie etwa der Rose.

1 Rosengarten Kasteel 't Hooghe

Mitten im historischen Grün des Schlossparks 't Hooge in Kortrijk wurde ab 1959 von der Provinz Westflandern ein Rosarium angelegt. Das der Königin der Blüten gewidmete Areal gruppiert sich um eine große Landvilla aus dem 19. Jahrhundert. Der gut drei Hektar große und kunstvoll in einer Mischung aus offenen Flächen und Gruppen seltener Bäume angelegte Park umfasst einen historischen Garten, einen Garten, in dem all-

jährlich rund 200 neue Rosenkreationen von europäischen Zuchtunternehmen gepflanzt werden, sowie einen Mustergarten mit jenen Varianten, die aktuell das beste Zuchtergebnis erzielen.

Dorniksesteenweg 218 (Eingang Pypestraat), 8500 Kortrijk, Tel. 05 1 27 32 00, www.rozentuinkortrijk.be, Park durchgängig geöffnet, Eintritt frei, am letzten Junisonntag Rosenfest mit Picknick

2 Kasteel van Poeke

Sein heutiges Aussehen verdankt das prächtige Wasserschloss aus dem 12. Jahrhundert dem Architekturgeschmack des Barock sowie jenem seiner letzten Besitzer, der Familie Pycke de Peteghem. Sie kaufte es 1872 und ließ Rokoko-Elemente anbringen. Fast wähnt man sich bei seinem Anblick vor einem der Loire-Schlösser. Um das Anwesen zieht sich der baumreiche Poekepark – er ist wie geschaffen für lange Spaziergänge.

Kasteelstraat 26, 9880 Poeke-Aalter, Tel. 05 1 68 64 25 oder 09 325 22 00, www.poeke. net, Park jederzeit frei zugänglich, Schlossbesichtigung auf Anfrage, nur im Rahmen einer Führung

3 Kasteel van Loppem

Belgiens einziges Schloss, das sich sowohl baulich als auch hinsichtlich seiner Ausstattung noch im Originalzustand befindet. Allerdings wurde das neogotische Ensemble südlich von Brügge auch erst im 19. Jahrhundert errichtet. Der Park, um 1800 im englisch-chinesischen Stil angelegt, wurde ab Mitte des 19. Jahrhunderts romantisch umgestaltet, mit Grotten, Teichen – und einem Heckenlabyrinth, dessen Gänge eine Gesamtlänge von 1,5 km umfassen.

Steenbrugsestraat 26, 8210 Zedelgem-Loppem, Tel. 05 0 82 22 45, www.kasteelvanloppem.be, April–Okt. Mi. 14.00–17.00, Sa./So. 14.00–18.00 Uhr, Juli/Aug. Di.–So. 13.00 bis 18.00 Uhr, 7 Euro

4 Kasteel van Laarne

Aus einer großen eckigen Wasserfläche reckt westlich von Gent eine der besterhaltenen befestigten Burgen Flanderns ihre einzigartigen konischen Steintürme zum Himmel. Die Anfänge des inzwischen komplett unter Denkmalschutz stehenden Ensembles reichen bis ins 14. Jahrhundert zurück. Im Museum lassen Gemälde und Tapisserien des 15. bis 18. Jahrhunderts die einstige Wohnatmosphäre wieder lebendig werden. Ein eigener Raum ist der Silbersammlung von Claude und Juliette d'Allemagne gewidmet.

Eekhoekstraat 5, 9270 Laarne, Tel. 09 230 91 55, www. slotvanlaarne.be, Mai–Ende Sept. So., Juli/Aug. auch Do. 15.00–16.30 Uhr, 8 Euro

5 Domain Den Blakken

Noch ein kleiner Geheimtipp in Flandern ist dieser in seiner heutigen Gestalt erst ab Mitte der 1990er-Jahre von der Provinz Ostflandern angelegte Garten. Um 1900 war auf dem Areal bereits ein Landsitz entstanden; später erbaute man eine Villa im normannischen Stil, die heute, komplett renoviert, ein Restaurant birgt. Zur Holzgewinnung wurde ihr Park schließlich auch an den sandigen Rändern bepflanzt. Von diesen Dünen der Schelde hat die Domäne ihren aktuellen Namen.

Wegvoeringstraat 308, 9230 Wetteren, frei zugänglich von Sonnenauf- bis Sonnenuntergang

6 Kasteel Ooidonk

Malerisch in einer Lys-Schleife gelegen, umgeben von Wiesen und Hainen, zählt das nach einem Brand 1595 wiedererbaute Schloss zweifelsohne zu den eindrucksvollsten und schönsten Flanderns. Mit seinen Zwiebeltürmchen, der zierlichen Steintreppe und der Parkanlage erinnert Ooidonk, das erneut von der Grafenfamilie t'Kint de Roodenbeke bewohnt wird, an das Loire-Schloss Chambord. Die Räumlichkeiten von Ooindonk bergen eine Sammlung wertvoller Kunstgegenstände wie Gemälde, Schmuck und antike Möbel.

Ooidonkdreef 9, 9800 Deinze, Tel. 09 282 26 38, http://ooidonk.be, Schloss: April–Mitte Sept., So./Fei. 14.00–17.30 Uhr, 9 Euro. Gärten: Mi.–So. 9.30–18.00 und Di. ab 13.00, Nov.–Feb. 10.00 bis 17.00 Uhr, 2 Euro

7 Kasteel van Gaasbeek

Ein wichtiges Blatt in der wechselvollen Geschichte des Schlossbaus beschrieb die Mailänder Adelsdynastie der Visconti. Ihren Erben verdankt sich das verspielte Innere des wehrhaften Schlosses von Gaasbeek, das u. a. eine einzigartige Sammlung Brüsseler Wandteppiche aus dem 15. bis 17. Jahrhundert birgt. Vom Ehrenhof gelangt man in den Museums- und Barockgarten, an den sich ein 40 Hektar großer Park anschließt.

Kasteelstraat 40, 1750 Gaasbeek, Tel. 02 531 01 30, www.kasteelvangaasbeek. be, April–Nov., Di.–So. 10.00 bis 18.00 Uhr. Park: Mai bis Sept. Di.–So. 10.00–18.00, Okt. bis 17.00 Uhr, bei stürmischem Wetter geschl., ca. 15 km westl. von Brüssel

8 Schloss und Rosenpark Coloma

Mit mehr als 60 000 Pflanzen von 3000 Arten ist der Rosengarten des romantischen Wasserschlosses Coloma (16. Jh.) die größte Anlage seiner Art in Westeuropa. Das Areal gliedert sich in vier Themenbereiche. Im ersten prangt zur Blütezeit eine Fülle roter und weißer Rosen. Die weiteren Abschnitte teilen die preisgekrönten Schönheiten flämischer Züchter, alte Rosenarten und die schönsten internationalen Züchtungen unter sich auf. Das Schloss an sich fungiert heute als Gemeinde-Kulturzentrum.

J. Depauwstraat 25, 1600 Sint-Pieters-Leeuw, Tel. 02 371 22 62, www.sint-pieters-leeuw.be, 15. Mai–30. Sept. Di.–So. 10.00–20.00, Okt. bis 19.00 Uhr, Eintritt frei

Multifunktionale Stadt für Millionen

Brüssel ist Landeshauptstadt, Europametropole und Weltendorf in einem. Es gibt sich königlich im Herzen, an den Rändern bourgeois betucht oder mit eher schäbigen Ecken. Es ist eine „Persönlichkeit" mit sprödem Charme, den die Verantwortlichen im Rathaus immer wieder ein wenig aufzupolieren versuchen. Dabei lohnt es sich durchaus, auch jenseits der Hochglanzattraktionen zu flanieren und verborgene Reize zu entdecken. Brüssel hat sie zuhauf.

An Sommerabenden zieht's Brüsseler und Gäste in die Straßen der Stadt, auch in die Restaurants der Rue des Bouchers.

Historistisch: die Brüsseler Börse

Bei einem Besuch in Belgiens Hauptstadt wird man sicherlich dem Manneken Pis (oben) begegnen, vor der eindrucksvollen Schaufassade des Rathauses mit ihren vielen Fenstern verharren und natürlich in einem Restaurant am Fischmarkt einkehren wollen.

Der Blumenteppich auf der Grand' Place bringt Farbe in das großartige, giebelreiche Ensemble der Zunfthäuser in Brüssel.

Special

Jacques Brel

Schöne Fläminnen und Don Quixote

„Les fla-, les fla-, les flamandes ..." Wer kennt sie nicht, die melodiöse „Hommage" Jacques Brels an die Fläminnen. Oder sein flehendes „Ne me quitte pas". Unzählige Bühnentriumphe feierte der belgische Chansonnier, der am 8. April 1929 in Brüssel geboren wurde.

Die Brels logierten zum Zeitpunkt der Geburt von Jacques, des zweiten Sohnes, in der Avenue de Diamant No. 138; sie verlegten ihr Domizil danach mehrfach. Kein Wunder, dass die Spuren des 1978 verstorbenen Sängers in Brüssel zahlreich sind: an der Place de Brouckère etwa, dort wo „Brüssel brüsselte", wie es in seiner vertonten Liebeserklärung („Bruxelles") an die Heimatstadt heißt; am nahen Opernhaus De Munt, wo Brels „L'homme de la Mancha" Premiere feierte, seine Musicalversion des Don-Quixote-Stoffs. Brel selbst gab den

Anlaufstelle für Brel-Fans

Titelhelden. In den Gassen der nahen Ilot Sacré, damals ein Künstlerviertel mit unzähligen kleinen Kabaretts und Clubs, erhielt Brels Sängerseele erste Nahrung. Im Grenier, über dem Cabaret La rose noire, hatte der Fabrikantenfilius sein erstes festes Engagement. Nach Erfolgen u. a. in Paris prangte sein Name im Januar 1955 erstmals an der Music Hall der belgischen Metropole. Heute ist ihm ein Erinnerungszentrum gewidmet.

Viele Jahre empfing Belgiens Metropole zumindest Zugreisende nicht gerade königlich. Im Rahmen eines ebenso langfristigen wie weitreichenden Stadtplanungsprojekts (Südbahnhof) ändert sich dies allmählich. Erste Anzeichen der Aufwertung des Viertels zwischen Gare du Midi und Börse bzw. Grand' Place lassen sich zum Beispiel am Boulevard Stalingrad ausmachen mit frischem Baumgrün, breitem Mittel- und separaten Radfahrstreifen. Die Anbindung des Gare Centrale an das (zunehmend erweiterte) Fußgängerzonen-Netz der Stadt ist ein weiterer Punkt; in der City sind zudem seit Mitte 2015 der Boulevard Anspach und die Place Brouckère komplett autofrei. Auch Teile der innerstädtischen Ufer des Canal Bruxelles Charlerois, etwa zwischen Porte de Ninove und Place Sainctelette, sollen aufgewertet werden.

Als weiteres Zeichen des großen Aufbruchs in eine schönere Zukunft brachte die „Hauptstadt Europas" auch ordentlich Farbe in den Straßenverkehr: Mangogelb leuchten inzwischen Motorhaube, Kofferraum und Außenspiegel mancher der schwarzen Taxigefährte. Sicher werden die Brüsseler mit ihrem typischen, etwas verrückten Humor, dem „Zwanze", bald einen Spitznamen für die gefleckten Karossen haben – schließ-

Picknickpause zu Füßen der gotischen Kathedrale Saint-Michel in Brüssel, die prächtige Glasfenster zieren.

Mit viel Prunk, Fahnen und Kostümen blickt der Ommegang in Brüssel auf den Besuch Kaiser Karls V. in der Stadt zurück.

lich tauften sie auch das EU-Parlament, dessen Architektur an ein überdimensionales Tropenhaus erinnert, ganz trefflich „Caprice des dieux", eine Laune der Götter.

Mit Besonnenheit

Überhaupt sind die Bruxellois' eher lustig denn verdrossen, locker gehen sie um mit den Unzulänglichkeiten des Alltags, sind weltoffen und lebensfroh. Sie lieben schöne Dinge jeder Art und prägen die multikulturellste aller europäischen Metropolen mit ihrem nonchalanten Charme.

Die bedeutende Rolle, die die Stadt als Austragungsort diverser EU-Gipfel spielte und weiterhin spielt – wie jenen zu Griechenland und der Flüchtlingspoli-

Die multikulturellste aller europäischen Metropolen ist von einem nonchalanten Charme geprägt.

tik in Europa – ist für die Einheimischen in ihrem Alltag weniger relevant als etwa eine neue Verkehrsführung oder die Eröffnung eines neuen Museums.

Königliche Einkaufspassage

König Léopold I. persönlich legte am 6. Mai 1846 den Grundstein für Brüssels erste Einkaufspassage. Damit wollte der vom Volk auserkorene Monarch der Welt demonstrieren, dass das junge, unabhängige Belgien offen sei für die Errungenschaften der Moderne. So erhielt die Landesmetropole eine dreiteilige, mehr als 200 Meter lange und 18 Meter hohe Galerie mit 54 Läden. Konzeption und Umsetzung des nach einem Missionar aus den Ardennen benannten Projekts lagen in den Händen des niederländischen Architekten Jean-Pierre Cluysenaer.

Der hatte in dem damals eng bebauten und schlecht beleuchteten Innenstadt-

Zeit braucht, wer in den Musées Royaux d'Art et d'Histoire auf Spurensuche geht: Der Tempel Apameia mit seinem Mosaik ist nur eines der vielen antiken Zeugnisse.

Nicht nur wie hier im Marollenviertel begegnen sich in Brüssel zahlreiche Nationalitäten.

Die in einer Eisen-Glas-Konstruktion errichteten dreigeschossigen Ladenpassagen der Galéries Saint-Hubert stellten zur Zeit ihrer Entstehung eine aufregende Innovation dar.

Das Musée Magritte, das die Welt des Malers René Magritte erschließt, ist Teil der Musées Royaux des Beaux-Arts in Brüssel.

Jugendstil in der Afrikastraat in Brüssel

JUGENDSTIL

Special

Ein Schustersohn als Architektur-Ikone

Mag man sein Wirken auch vornehmlich mit Brüssel in Verbindung bringen – geboren ist der wichtigste Vertreter der belgischen Art nouveau in Gent.

Victor Horta erblickt in der Tuchmetropole 1861 als Sohn eines Schusters das Licht der Welt. Den ersten Kontakt zur Architektur hat er, als er im Alter von zwölf Jahren seinem Onkel auf einer Baustelle hilft. Über die Académie des Beaux-Arts in Gent und das königliche Athenaeum gelangt er schließlich nach Paris – 1881 zieht er nach Brüssel und wächst allmählich dort in die Rolle des führenden Jugendstil-Baumeisters hinein. Eisen und Glas setzt Horta kühn als dekorative Elemente ein, weiche Linien und organische Formen prägen die Ornamentik seiner Entwürfe. Dutzende von „hôtels particuliers" (Stadthäuser) baut er in der Metropole, für Politiker,

Café in Anlehnung an Hortas Stil

Ingenieure, Bankiers, Rechtsanwälte, Kaufleute und andere wohlhabende Zeitgenossen. Ein Architektenkollege, Henry van den Velde, gilt als zweiter herausragender belgischer Vertreter des fantasiesprühenden Jugendstils. Doch während Horta kaum außerhalb Belgiens baute, führen die Spuren des gebürtigen Antwerpeners van de Velde durch ganz Europa.

abschnitt Brüssels zwischen Grasmarkt (Marché aux herbes) und Kruidtuinberg (Montagne aux herbes potagères) eine überdachte Straße errichten und ihn damit auch für höhere Gesellschaftsschichten attraktiver machen wollen. Mit dem Bankier Jean-André Demot hatte er bereits 1836 die Société des Galéries Saint-Hubert gegründet; doch es mussten zunächst noch Eigentums- und Wohnrechte geklärt werden, um diese Straße verwirklichen zu können.

Am 20. Juni 1847 dann weihte Léopold mit seinen beiden Söhnen die gewaltige Passage ein. In ihren drei Abschnitten – Galérie du Roi, Galérie de la Reine, Galérie des Princes – vereint sie unter dem aus Glas und Eisenträgern gestalteten Tonnengewölbe eklektizistische Formen mit jenen der italienischen Renaissance. Zu den ersten Mietern der neuen Galerien zählten das Théâtre Royale und die „Confiserie pharmaceutique" des Großvaters von Jean Neuhaus, Keimzelle der heutigen Pralinen-Dynastie.

Treffpunkt der Künstler

Bald wurden die Passagen zum beliebten Treffpunkt von Künstlern und Intellektuellen. Alexandre Dumas etwa, Autor von „Der Graf von Monte Christo", zählte ebenso zu ihnen wie die französischen Filmpioniere Lumière, die hier am

Stets im Mittelpunkt Europas: Berichterstattung vor dem Sitz der EU-Kommission, dem Berlaymont

Der Parc du Cinquantenaire in Brüssel entstand im Zuge des 50. Jubiläums des belgischen Staates – ausreichend Grund zur Freude, weshalb er auch als „Jubelpark" bekannt ist.

Laisser-faire vor großartiger Kulisse: Im Parc du Cinquantenaire in Brüssel schließen sich die großen Museen gleich an den Triumphbogen an.

Tausende von Vertretern der EU-Mitgliedsländer bringen geschäftiges Treiben ins EU-Viertel von Brüssel.

1. März 1896 ihre ersten Werke vorführten. Und der Chansonnier Jacques Brel pflegte regelmäßig seine Garnelenkroketten in der Taverne du Passage in der Galerie de la Reine zu speisen.

Ein Land, drei Sprachen

Seit 1973 spricht Flandern offiziell nicht mehr „Flämisch", sondern Niederländisch, das heißt Amtssprache und allgemein gebräuchliche Schriftsprache ist die im 17. Jahrhundert auf dem Gebiet der heutigen Niederlande ausgebildete niederländische Standardsprache (ABN). Sie unterscheidet sich vom Flämischen u. a. durch eine andere Aussprache und Satzmelodie, auch der Satzbau ist mitunter anders, die Verkleinerungsform wird statt mit „-tje" mit der Silbe „-ke" gebildet – und natürlich gibt es „typisch flämische" Ausdrücke, die im Niederländischen so nicht existieren oder etwas anderes bedeuten.

Brüssel selbst ist offiziell zweisprachig (Niederländisch/Französisch); tatsächlich wird aber zu fast 90 Prozent Französisch gesprochen. Auch in der Umgebung der belgischen Hauptstadt gibt es eine beachtliche Anzahl französischsprachiger Bewohner. In einem Teil dieser flämischen Gemeinden haben sie das Recht zum Gebrauch ihrer Sprache im Umgang mit den Behörden.

Bis ins 19. Jahrhundert gab es in Flandern keine Standardsprache. Die Menschen sprachen verschiedene Dialekte, in denen sie sich häufig sogar untereinander nur schwer verständigen konnten (einige sind bis heute erhalten beziehungsweise blühen wieder auf). Erst in den 1930er-Jahren wurde Flandern durch verschiedene Sprachgesetze langsam einsprachig flämisch; Wallonien, im Süden, dagegen ist französisch, in deren äußersten Osten deutsch (s. S. 70).

Krise und neues Vertrauen

Die politische Landschaft war nach den Regionalwahlen 2009 durch den Graben zwischen Wallonen und Flamen bestimmt: Flandern wählte konservativ, Wallonien sozialistisch.

Im Jahr 2010 trat Premierminister Yves Leterme von seinem Amt zurück; nach diversen Versuchen, eine Regierung zu bilden, steht seit 2014 die von König Philippe ernannte sogenannte Schwedenkoalition mit Premier Charles Michel von der Reformbewegung (MR) an der Spitze des Landes. Vertreten sind in ihr die flämischen Nationalisten (N-VA) und die flämischen Christdemokraten (CD & V) sowie die flämischen und französischsprachigen Liberalen (Open VLD und Mouvement Réformateur, MR).

Eines der zahlreichen flämischen Wasserschlösser steht in Bouchout bei Meise, es ist von einem riesengroßen Botanischen Garten umgeben ...

... von rot und violett leuchtenden
Rhododendren und anderen Pflanzen ...

... wie auch mächtigen alten Buchen, die ihre Wurzeln
weit über dem Erdreich ausstrecken.

Das Wahrzeichen Brüssels: das Atomium, dessen neun teils zugängliche Kugeln durch Stahlträger miteinander verbunden sind.

Das Atomium ist ein für die Magie der Fünfziger so sinnbildliches Bauwerk ...

www.atomium.be

MIT JOHAN DE MOOR IM GESPRÄCH

Vielfältig inspiriert

Johan de Moor hat eine Fülle an Comic-Strips auf den Markt gebracht, darunter die zweifach prämierten „La Vache"-Abenteuer mit „dem besten Geheimagenten des Animal Intelligence Service": einer Kuh.

Das Vergnügen, Comics zu lesen – wie die von de Moor –, ist nicht altersgebunden. Belgien pflegte von Anbeginn an einen ungezwungenen Umgang mit dieser Zeichenkunst.

Zwei Eisenbahnlinien schnüren den Ortskern des Brüsseler Stadtteils Vorst ein. Das Atelier des Comiczeichners Johan de Moor (geb. 1953) liegt hier versteckt. An seinen Wänden drängen sich afrikanische Masken – wie auch eine Sammlung historischer Blechdosen.

Sie wurden in die Comic-Welt sozusagen hineingeboren ... Ja, mein Vater, Bob de Moor, war ein enger Mitarbeiter von Georges Remis (Hergé), dem Autor und Zeichner von „Tim und Struppi". Er hat an vielen seiner Alben mitgearbeitet.

Wie gestalteten sich dann Ihre beruflichen Anfänge? Nach meinem grafischen und lithografischen Studium zeichnete ich zunächst politische Karikaturen für Tageszeitungen. Man muss sich ja einen Vornamen machen ... Später, in den achtziger Jahren, habe ich dann auch für Hergé gearbeitet und die Reihe „Stups und Steppke" illustriert.

Wo finden Sie Ihre Themen? Ich bin wie ein Schwamm, sauge alles um mich herum auf. Die Menschen, die Landschaften, die Farben meiner Reisen. Der Kontakt zu jungen Leuten wie meinen Studenten hier in Brüssel, aber auch in anderen Ländern, ist mir wichtig. Auch meine Blechdosen inspirieren mich. Die Werke der deutschen Expressionisten finde ich ebenfalls wunderbar, vor allem jene von Ernst Ludwig Kirchner.

Und aus all diesen Grundlagen destillieren Sie dann Ihren eigenen Stil? Meine Werke entsprechen nicht der „klassischen Form" der „bande dessinée". Ich pflege in meiner Arbeit keinen durchgängigen Stil, sondern wähle vielmehr immer wieder andere Formen und Hintergründe.

Warum sind Bildergeschichten gerade in Belgien so verbreitet? Nun ja, meine Theorie ist diese: Die Belgier durften nie etwas sagen gegen all ihre Invasoren. Also hielten sie den Mund und zeichneten ...

Sie sind in Wilrijk, das heute zu Antwerpen gehört, geboren, leben in Brüssel, sprechen sowohl Flä-

Zu Beginn seiner Karriere illustrierte Johan de Moor auch die Reihe „Stups und Steppke" von Hergé, in der die beiden Comic-Helden permanent Unfug treiben – wie hier auf einem Wandgemälde in Brüssel.

misch als auch Französisch – wo ist Ihre Heimat? Brüssel empfinde ich als meine Heimatstadt. Ich liebe diese Stadt, denn ich gehe gern zu Fuß, und das kann ich hier wunderbar. Antwerpen kenne ich nicht gut genug, aber ich liebe den Antwerpener Dialekt.

Wie würden Sie Brüssel charakterisieren? Ich empfinde den Rhythmus der Stadt als langsam, bedächtig. Dieses Zurückhaltende ist typisch; es zeigt sich zum Beispiel auch in dem Mangel an wirklich kühnen modernen Bauten.

In Ihrer Autobiografie spielt Brüssel eine wichtige Rolle. Ja, die Stadt ist quasi wie eine Person und wird mit ihren Vorzügen und Nachteilen, ihren Höhen und Tiefen dargestellt. Bei meiner Autobiografie bin ich erstmals nicht nur Zeichner, sondern auch Autor. Ich nehme mir große Freiheiten im Gestalten – man erkennt beispielsweise an einer bestimmten Stelle die Place de Brouckère, aber die Häuser sind nicht eins zu eins authentisch. Wichtig ist jedoch, dass alles stimmt: der Text und die Aufteilung der Seiten, wie bei einer Partitur. Auch die Farben. Mein Vater hat immer gesagt: Bildergeschichten – das bedeutet Atmosphäre.

Haben Sie einen Lieblingsplatz in Brüssel? Meine Lieblingsstraße in der Stadt ist der Boulevard Lemonnier, mein Lieblingsziel das östlich der Metropole gelegene Tervuren. Der wunderbare Park, die Sammlung des Museums – überall lässt sich hier der Geist von Léopold II. spüren. Diesem Regenten verdankt auch Brüssel seine Straßenstruktur. Besucher sollten auf die Dächer der öffentlichen Parkhäuser gehen oder auf die Dachterrassen der Hotels, um den Blick zu genießen. Unternehmen Sie Ausflüge in die Stadtteile ...

Fakten

. . . .

Johan de Moor und seine Comic-Helden

„La vieà deux" (Leben zu zweit) und „Cœur glacé" (Vereistes Herz) heißen die beiden jüngsten Werke dieses scheinbar alterslosen Künstlers, der mit seinem poppig-pastosen Strich zu den renommiertesten zeitgenössischen Comiczeichnern Belgiens zählt. In den 1990er-Jahren veröffentlichte er Serien wie „Gaspard la nuit" und „La Vache" (mit Stephen Desberg). In Brüssel ist von ihm u. a. ein großformatiges Wandbild zu sehen: „Lombard", an der Place Horta, St. Gilles. Darauf lässt er die wichtigsten Helden der Comicgeschichte (und vor allem der Serie „Tim & Struppi") aus zwei Buchdeckeln herausspringen. Einige Jahre unterrichtete Johan de Moor zudem Comiczeichnen am Institut Saint-Luc in Schaerbeek. 2008 erhielt er den Grand prix du Press Cartoon Belgium (PCB) für die beste Pressezeichnung; ein Metier, das er – neben der für sich neu entdeckten Malerei – weiterhin regelmäßig ausübt. Wer Interesse an Originalzeichnungen von Johan de Moor hat, wird in der Brüsseler Galerie The Cartoonist fündig (Rue Haute 11, www.thecartoonist.be).

Umgeben vom Jugendstil-Ambiente eines Horta-Baus, machen Besucher im Brüsseler Comic-Zentrum eine Reise durch die aufregende Welt der „bande dessinée".

Europa, Afrika und typisch Eigenes

Belgiens Metropole besitzt diverse Gesichter – als Residenzstadt des kleinen Königreichs, als Sitz der NATO sowie als Sitz u. a. der EU-Kommission und des Rats der EU. Genau genommen besteht Brüssel aus 19 selbstständigen Städtchen, mit eigenen Bürgermeistern, Rathäusern, eigenen Einkaufsstraßen, Märkten und Ausgehvierteln. Ein kontrastreiches Konglomerat, ein wenig chaotisch, aber auch faszinierend.

① – ⑳ Sehenswertes

Einzigartige Bauwerke, Museen von Weltrang, großbürgerliche Eleganz und exotische Vielfalt, kulinarischer und kultureller Schmelztiegel Dutzender Nationen – **Brüssel TOPZIEL** ist all das. Dabei war hier am Anfang nichts als eine Kapelle im Sumpf – das bedeutet wörtlich der Name Broeksele. Erstmals erwähnt ist er 966 in einer Urkunde Ottos des Großen. Etwa ein Jahrzehnt später errichtete Karl von Niederlothringen eine Burg auf einer Insel im Flüsschen Senne und schuf damit die Grundlage

Tipp

Fritten im Freien

Antoine an der Place Jourdan (Abb.) gehört zu den beliebtesten Quellen für die goldenen Kartoffelstäbchen. Seit 1948 besteht der Familienbetrieb; nun führen die Brüder Thierry und Pascal Willaert die inzwischen moderne Pommesbude im Herzen des Europaviertels in dritter Generation. Jeden Freitag kümmern sie sich persönlich um die vom Abgeordneten bis zum Straßenfeger reichende Kundschaft. Kenner wählen die Dreieckstüte ("puntzak") mit leicht gesalzenen "frieten", "frietjes" oder "frites" – und eine der vielen Würzcremes im Döschen.

Das Théâtre de la Monnaie in Brüssel ist nach der herzoglichen Münze benannt, die ihm weichen musste (oben). So Großes gehört in die Dinosaurier-Galerie (rechts).

für die weitere Stadtentwicklung. Im 11. Jh. wird die erste Stadtmauer angelegt, die zweite (14. Jh.) spiegelt sich bis heute in den Boulevards des kleinen Rings wider und gab mit ihrer Fünfeckform dem Zentrum der heutigen Stadt seinen Beinamen Pentagon. Brüssels größte Attraktion bildet die im 11. Jh. angelegte und nach der Zerstörung durch französische Kanonen im 17. Jh. wiedererbaute ① **Grand' Place**. Das eindrucksvolle große Rechteck mit seiner geschlossenen Fassadenfront aus Zunfthäusern zählt inzwischen zum Weltkulturerbe der UNESCO. Das reich dekorierte ② **Hôtel de Ville** (Rathaus) an seinem Rand (15. Jh.) ist ein Glanzstück Brabanter Gotik. Auf der Spitze seines 96 m hohen Turms steht eine vergoldete Statue des Erzengels Michael, des Patrons der Stadt. Bekannter als dieser ist sicher nur das ③ **Manneken Pis** in der Rue de L'Etuve. Es gibt einen speziellen monatlichen Bekleidungskalender für die Figur. Östlich gelangt man zur ④ **Edition Jacques**

Brel (Place de la Vieille Halle aux Blés 11, www.jacquesbrel.be/carte-de-visite). Das Gebäude der ⑤ **Bourse** (Börse, 1873), westlich der Grand' Place, beherrscht mit seinem Eklektizismus die Place de la Bourse am Boulevard Anspach. Westlich des Finanztempels – an dessen Rand auch die Jugendstilbrasserie Le Falstaff zur Einkehr lockt – führt die Rue Dansaert durch das trendige Mode- und Design-Viertel bis zum Canal de Charleroi, der daran erinnert, dass einst der innerstädtische Hafen um die Kirche St. Cathérine lag und die Senne mit ihren Nebenarmen und Grachten eine wichtige Wasserstraße war. Östlich des Boulevards Anspach erinnern Straßennamen wie Rue au Beurre oder Rue des Bouchers an die Markttätigkeit in diesem Viertel. Heute reiht sich in dem mittelalterlichen Gassengewirr der **Ilôt Sacré** nördlich der Grand' Place ein Restaurant an das andere. Kaum weniger dicht drängen sich dort die Massen in den edlen, glasüberdachten ⑥ **Galeries Royales**

Saint-Hubert (19. Jh.), an deren Ende man zum Platz der einstigen herzoglichen Münze gelangt, wo 1819 das **7 Théâtre Royal de la Monnaie** entstand.

IN DER OBERSTADT

Etwa auf halbem Weg in die Oberstadt steht die **8 Kathedrale Saint-Michel** (13.–15. Jh.) mit ihren beiden knapp 70 m hohen, stumpfen Türmen. Über die Rue Royale gelangt man ins königliche Brüssel: zum Park von Brüssel, dessen Hauptachse auf das **9 Palais Royal** zuführt (19. Jh., jährlich im August sind die prunkvollen Innenräume zu besichtigen) und zum Mont des Arts (Kunstberg) mit seinen Museen um die Place Royale. Zwischen Rue de la Régence und Boulevard de L'Empereur liegt der von edlen (Antiquitäten-)Geschäften und Restaurants gesäumte **10 Grand Sablon**, ebenfalls ein markanter Punkt am Übergang von der Altstadt im Tal zur königlichen Oberstadt.

MAROLLENVIERTEL

Vom **11 Palais de Justice**, 1866/83 errichtet und seinerzeit mit seinen Grundmaßen (160 x 150 m) das größte Gebäude der Welt (an Werktagen kann es frei besichtigt werden), gleitet ein gläserner Aufzug hinab in die Marollen. Das Einwandererviertel im Süden gilt – trotz finanzstärkerer Bewohner und einiger Szenelokalitä-

Tipp

Comic-Route

Fast 50 Stationen umfasst inzwischen der 1993 initiierte „Strip Parcours". Die großflächigen Fassaden-Szenarien reichen von Hergés „Tintin" in der Rue de l'Etuve über Frank Pés androgynes Pärchen „Broussaille und Ragebol" nahe dem Plattesteen bis hin zur Wand mit Lucky Luke und den Daltons von Jacques Marin (alias Morris) in der Rue de la Buanderie. Auch die Gare du Midi, der Boulevard Pachéco sowie einige Straßen in Laeken sind mit Comics geschmückt.

PARCOURS B(ANDE)D(ESSINÉ)
www.bruxelles.be/parcours-bd

ten – noch immer als das ursprünglichste der Stadt. In der Rue Haute 132 lebte der Maler Pieter Bruegel d. Ä. (ca. 1525–1569). Die **12 Porte de Hal** (14. Jh.) am Ende der Rue Blaes ist das einzige erhaltene Tor der zweiten Stadtbefestigung.

ÖSTLICHES STADTGEBIET

Rund um den Rond-Point Schuman, im historischen Quartier Léopold, liegt die Keimzelle des Europaviertels mit seinen modernen Verwaltungspalästen. Das Besucherzentrum Parlamentarium vermittelt via Audioguide und Bildschirm einen Einblick in den Alltag des **13 EU-Parlaments** (Willy-Brandt-Gebäude, Rue Wiertz 60, www.europarl.europa.eu, Di.–Fr. 9.00–18.00, Sa./So. 10.00–18.00, Mo. 13.00 bis 18.00 Uhr, Eintritt frei). Der Triumphbogen im **14 Parc du Cinquantenaire** (1880 angelegt) wurde 1905 zur 75-Jahr-Feier Belgiens eingeweiht; er ist Mittelpunkt eines Gebäudeensembles, das zwei königliche Museen birgt. Die benachbarte, restaurierte **15 Maison Cauchie** (1905) zählt zu den schönsten Art- nouveau-Bauwerken der Stadt (Rue des Francs 5, www.cauchie.be, erstes Wochenende im Monat 10.00–13.00, 14.00–17.30 Uhr). Auch um den Square Ambiorix nördl. des Parks finden sich Jugendstilbauten, darunter die Hôtels Van Eetvelde und Deprez-Vandervelde von Victor Horta (Avenue Palmerston 4 und 3). In Schaerbeek, ebenfalls Fundgrube für Art déco, hat der Comic-Künstler François Schuiten Hortas **16 Maison Autrique** (Chaussée de Haecht 266, www.utrique.be, Mi.–So. 12.00–18.00 Uhr) wieder zum Leben erweckt.

NORDWESTLICH DES ZENTRUMS

Die 165-milliardenfache Vergrößerung der Elementarzelle eines Alpha-Eisenkristalls stellt das **17 Atomium** dar; zur Weltausstellung 1958 errichtet, wurde es zwischenzeitlich saniert. Ein Superlativ ist auch die ca. 100 m hohe **18 Basilique National du Sacre Cœur** (1905–1970). Etwa 80 Städte und mehr als 350 Bauwerke im Maßstab 1:25 umfasst der Miniaturpark **19 Mini-Europe** (Bruparck, Blvd. du Centenaire, www.minieurope.com, März bis Anf. Jan. 9.30/10.00–17.00/19.00 Uhr). Jeweils für drei Wochen (ab Ende April) öffnet das Königshaus die **20 historischen Gewächshäuser des Palastes von Laeken** (Avenue du Parc Royal, Tel. 02 513 89 40).

Vielversprechende Genüsse: Obst in allen Varianten auf dem Markt an der Gare du Midi, große Auswahl an Bier in der Brauerei Cantillon

IM SÜDEN

In den Vierteln Ixelles, St-Gilles, Uccle und Etterbeek trifft man auf eine Fülle an **Jugendstilbauten**, darunter die Häuser in der Rue Defacqz 71 und der Rue Janson 6 (von Victor Horta entworfenes Hôtel Tassel). Ein Teil von Ixelles wird „**Matonge**" genannt, nach einem Viertel der kongolesischen Hauptstadt Kinshasa. An Wochenenden strömen afrikanische Besucher aus Europa zum Einkaufen herbei.

21 – 26 Museen

Die **21 Musées Royaux des Beaux-Arts de Belgique** (Museen der Schönen Künste) einen inzwischen 6 Sammlungen, darunter das **Musée Old Masters Museum** (Alte Kunst), das **Musée Modern Museum** und das **Musée Fin-de-Siècle Museum** (Kunst um 1900). Auch das **Musée Margritte Museum** gehört dazu mit mehr als 200 Werken des surrealistischen Künstlers (Rue de Régence 3/ Place Royale 1, www.fine-arts-museum.be, alle Mo.–Fr. 10.00 –17.00, Sa./So. 10.00–18.00 Uhr). Magrittes kleines Haus in der Rue Esseghem 135 im Stadtteil Jette ist als **Musée René Magritte** (www.magrittemuseum.be, Mi.–So. 10.00–18.00 Uhr) Pilgerort für seine Fans. Das **22 Musée des Sciences Naturelles** birgt Europas größte Dinosaurier-Galerie (Rue Vautier 29, www.sciencesnaturelles.be, Di.–Fr. 9.30 bis 17.00, Sa./So. 10.00–18.00 Uhr). Die vier **23 Musées Royaux d'Art et d'Histoire** führen v. a. durch Antike und Mittelalter (Parc du Cinquantenaire 10, www.kmkg-mrah.be, Di.–Fr. 9.30–17.00, Sa./So. ab 10.00 Uhr). Zum **24 Horta-Museum** wurde das Privathaus des Jugendstil-Architekten und -Designers Victor Horta (Rue Américaine 25, www.hortamuseum. be, Di.–So. ab 14.00 Uhr). In einem ehemaligen Jugendstil-Kaufhaus nach den Entwürfen von Horta ist das **25 Belgische Comic-Zentrum** (Rue des Sables 20, www.cbbd.be, tgl. 10.00 bis 18.00 Uhr) untergebracht. Die Privatsammlung Plasticarium bildet den Kern des 2015 eröffneten **26 Art & Design Atomium Museum (ADAM)** in Heysel (Place de Belgique 1, www.adamuseum.be, tgl. 10.00–18.00 Uhr).

AKTIVITÄTEN

Es gibt Stadtführungen, u. a. per Fahrrad (www.provelo.org), für Feinschmecker, zu den Zeugnissen der Art nouveau sowie zu Künstlerateliers (2–4 rue Royale, www.arkadia.be).

VERANSTALTUNGEN

Lebhaft geht es bei dem seit 1919 täglich stattfindenden **Flohmarkt der Marollen** (Place du Jeu de Balle, Sa. 7.00–14.00 Uhr) zu. In der alten Markthalle an der Place Saint-Géry findet jeden ersten So. im Monat der **Brussels Vintage Market** statt (http://brusselsvintage market.be, 12.00–19.00 Uhr). Gaukler, Reiter und Fanfarenspieler bevölkern am ersten Di. und Do. im Juli das „Fünfeck" der Metropole beim **Ommegang**. Der historische Umzug endet auf der Grand' Place mit einem Prunkfest wie im 16. Jh. (www.ommegang.be). Beim **Bal National** am 20. Juli (Place Jeu de Balle, www. balnational.be), dem Vorabend des Nationalfeiertags, zeigt sich das ursprüngliche Brüssel. Das **Brussels Jazz Festival** gastiert im einstigen Radio-Gebäude (Flagey, Place Sainte-Croix, www.flagey.be), der **Designseptember** (www.designseptember.be) in der ganzen Stadt

HOTELS

Viel Weiß und Grau prägen das Ambiente im € € /€ € € **Hotel Made In Louise** unweit der gleichnamigen Metrostation (48 Zi., Rue Veydt 40, www.madeinlouise.com). Mit nur 12 Zimmern wirkt das € € **Hotel Cafe Pacific** (Rue Antoine Dansaert 57, www.hotelcafepacific. com) fast wie ein Privathaus.

RESTAURANTS

Das € € /€ € € € **Belga Queen** pflegt in grandiosem Ambiente eine internationale Küche mit belgischem Touch (Rue Fossé aux Loups 32, www.belgaqueen.be). Bier in allen Varianten, Käsehappen, Omelett – v. a. das Jugendstilinterieur begeistert im € € **A la Mort Subite** (Rue Montagne aux Herbes Potagères 7, www. alamortsubite.com). Wiedererstanden ist das Künstler-/Literatencafé von 1927 € / € € **Goudblommeke** (Rue des Alexiens 55, www.lafleu renpapierdore.be; Mo.-, So.-Abend geschl.).

EINKAUFEN

Für Modisches empfiehlt sich das trendige Dansaert-Viertel; vornehmer geht es auf der Avenue Louise zu. Spektakulär ist die Shopping-Galerie des Anspach Center.

㉗ – ㉘ Umgebung

Etwa 15 km östl. liegt ㉗ **Tervuren.** Die Domaine Bouchot in ㉘ **Meise** (ca. 15 km nordwestlich) beherbergt auf fast 100 ha Belgiens Nationalen Botanischen Garten (Nieuwelaan 38, www.plantentuinmeise.be, ab 9.30 Uhr).

INFORMATION

Tourist Info in Brüssel, Grand' Place (Rathaus), Tel. 02 5 13 89 40, www.brusselsinternational.be Zweigstellen: Südbahnhof (Eingang Rue de France/Frankrijkstraat), Ankunftshalle des Brüsseler Flughafens und beim Europäischen Parlament (Rue Wiertz/Wiertzstraat)

Genießen   Erleben   Erfahren

DuMont Aktiv

Kunst im Metroschacht

Glasmalerei, Fotografie, Mosaik, Plastik – annähernd 70 Metrostationen wurden seit Inbetriebnahme des Liniennetzes von belgischen Künstlern unterschiedlich gestaltet. Wir starten unsere Fahrt zur Kunst an der Station Bourse (Börse). Paul Delvaux, surrealistischer Maler, hat hier 1978 auf einem 13 Meter langen Ölgemälde die alten Brüsseler Trambahnen verewigt. Zwei Jahre zuvor hatte Pol Bury in der Schalterhalle die Deckeninstallation „Moving Ceiling" aus 75 Stahlzylindern geschaffen.

An der Station Rogier, wo der Fotograf Pierre Cordier sein „Zigzagramme" (1988) montierte, steigen wir in die Linie 2 in Richtung Clemenceau um. An „Botanique/Kruidtuin" beleben 21 farbig gefasste Fantasiefiguren aus Holz den Untergrund. Pierre Caille hat sie 1980 geschaffen. Weitere Kunstwerke zieren die Quais: Jean-Pierre Ghysels Skulpturenrelief, das an den Flug eines Vogels denken lässt („The Last Migration", 1977), Emile Souplys bunte, zu Strängen gebündelte Röhren (1978) und die Hommage an Fernando Pessoa (1992) von Júlio Pomar, dem einzigen nicht belgischen Künstler.

Über den Halt „Louise" mit Marcel Maeyers 100-Buchstaben-Wand (2002) und Edmond Dubrunfauts „Terre en fleur" (1985) aus Kacheln und Tapisserien fahren wir weiter zur Porte de Hal mit Raoul de Keysers Farbflächen (1988) und François Schuitens Wandrelief einer modernen Stadt, das mit Teilen alter Straßenbahnen versehen ist.

Weitere Informationen

Den Fahrplan **„Kunst in der Metro"** gibt es kostenlos an allen Brüsseler Metrostationen; die Broschüre **„L'art à Bruxelles passe aussi par le métro"** (frz.) mit

Werkbeschreibungen und Kurzbios der Künstler u. a. beim Toerisme Vlaanderen (Rue Marché aux Herbes 61) für 5 € oder kostenlos über: www.stib-mivb.be.

Im Land des Löwen

Brabant – das klingt nach Üppigkeit, nach gutem Leben. Schon Pieter Bruegel erlag dem Zauber der Region, in der prickelnder Gerstensaft gebraut wird, knackiger Chicorée wächst und sogar Reben gedeihen. Ihr pulsierendes Zentrum ist die Universitätsstadt Leuven, von der aus es nicht weit ist in die Nachbarprovinz Limburg, Flanderns „Grüne Insel". Mit Tongeren birgt sie die älteste Stadt Belgiens und die Genever-Hochburg Hasselt.

Die Region um Tongeren in der Provinz Limburg prägen weite Obstbaumplantagen. Ein sanftes Weiß überzieht die Areale in der Blütezeit.

Nicht weit von Brüssel entfernt kann man durch das Grün des Gartens von Schloss Gaasbeek spazieren.

Im gotischen Rittersaal von Schloss Gaasbeek (rechts) sind alte Möbel, vor allem aber die wunderschön verzierte Decke zu bewundern. Bei der Fülle an besuchenswerter Kultur sorgen süße flämische Leckereien, wie etwa aus der Konditorei in Hasselt (oben), für entsprechende Energie.

Pieter Bruegel

Auf den Spuren von Heuernte und Bauernhochzeit

Knapp sieben Kilometer trennen die ländliche Idylle um Dilbeek, Itterbeek und Sint-Anna-Pede von der Brüsseler Hoogstraat, in der Pieter Bruegel d. Ä. die letzten sechs Jahre seines Lebens verbrachte.
1563 hatte der Umzug von Antwerpen nach Brüssel stattgefunden, wo der Künstler Mayken Coecke heiratete, die Tochter von Pieter Coecke von Aelst, seinem früheren Lehrmeister in der Scheldestadt.

Zwei Jahre nach der Hochzeit erhielt der 1525/30 geborene Bruegel von dem Antwerpener Sammler Niclaes Jonghelinck den wohl umfangreichsten Auftrag seiner Karriere: den Zyklus der Monatsbilder.

Die Bruegelroute informiert in Bildern.

Pieter Bruegel, Bauerntanz, um 1568

Schon vor dieser Bestellung hatte es den Maler präziser Lebensstudien häufig hinaus in die sanften Hügel und weiten Felder in Brabant gezogen, auf denen Gemüse ebenso prächtig gedeiht wie Korn und Hopfen. Bruegel liebte die fetten Wiesen mit ihren Obstbäumen. Er spazierte gern in die von fruchtbaren Äckern umgebenen Dörfer mit ihren gedrungenen, spitzdachigen Kirchen; genoss in urigen Wirtshäusern das moussierende Geuze-Bier und erfreute sich stets aufs Neue an dem Zauber der sich spiegelnden Teiche und klaren Bäche, der hölzernen Mühlen und der aus Lehm erbauten Gehöfte. All diese Stimmungen und Motive flossen in seine Werke ein – in die berühmte „Bauernhochzeit", in die „Heuernte" wie in „Das Gleichnis von den Blinden". Dank des Engagements von Albrecht de Schrijver, einem Geschäftsmann aus Itterbeek, ist ein gutes Dutzend dieser Brabanter Gemälde nun auch dort zu sehen, wo Bruegel seine Inspiration dazu fand: in der freien Natur am östlichen Rand des Pajottenlands. Ausgangspunkt der Tour zu den Bruegel-Reproduktionen (es handelt sich um Emaille-Schilder) ist das Dörfchen Sint-Anna-Pede.

Unter den vier Bruegel-Tableaus am baumbestandenen Kirchhof ist ein mit rotbrauner Tinte gezeichnetes Selbstbildnis. Der Bruegel-Pfad umfasst rund acht Kilometer.

Nur knapp 20 Minuten braucht der Zug von Brüssel nach Leuven, und zu Stoßzeiten wird es eng in den Waggons. Dann sind die zahlreichen Pendler unterwegs, die in der belgischen Metropole ihren Arbeitsplatz haben, jedoch in Leuven oder in den umliegenden Dörfern des grünen Hagelands wohnen. Leuven selbst besticht ebenfalls durch kurze Wege; die Innenstadt hat einen Durchmesser von gerade einmal zwei Kilometern. Fußgänger genießen hier absolute Priorität im Straßenverkehr; selbst die in engem Takt fahrenden zahlreichen Linienbusse halten für Passanten an – und das ganz ohne Ampel oder Zebrastreifen.

Jahrhundertealt und quicklebendig

Dank seiner 40 000 Studenten (sie machen fast ein Drittel der Einwohner aus) atmet Leuven, das im Mittelalter zeitweise einflussreicher war als sein Erzrivale Brüssel, eine jugendlich-heitere Energie. Die fast ausgelassene Stimmung auf den Straßen und Plätzen, in den vielen Kneipen und Cafés paart sich mit traditionellem Wohlstand und Savoir-vivre. Das zeigen die edlen Geschäfte der Altstadt ebenso wie die zahlreichen prächtigen Kollegienbauten. Mehr als 80 Nationalitäten büffeln an den Fakultäten der Katholischen Universität. Deren Gründung geht auf das Jahr 1425 zurück; sie ist die älteste Hochschule der ehemaligen Niederlande. Namhafte Wissenschaftler und Persönlichkeiten wie Adriaan van Utrecht (Papst Hadrian VI.), Erasmus von Rotterdam und Gerhard Mercator gingen aus ihr hervor.

Bereits sechs Jahrzehnte vor der Hochschulgründung taucht der Name „Den Horen" zum ersten Mal in den herzoglichen Zinsbüchern auf – und 1537 ist diese Brauerei, die später als Stella Artois weit über Flanderns Grenzen berühmt werden sollte, schon das wichtigste Unternehmen von Leuven. Gerstensaft und Wissensvermittlung also verhalfen der Stadt an der Dijle zu ihrer historischen Blüte.

Der Große Beginenhof in Leuven (oben) hat nichts von seiner ruhigen Atmosphäre verloren. Erheblich lebendiger wirken dagegen das Leuvener Rathaus (unten) mit seinen Türmchen, dem üppigen Figurenbesatz und Blendwerk in der Architektur und der Oude Markt (rechts) mit den zahlreichen Studenten.

Gelb dominiert den Käseladen in Leuven.

Der Hausbrauerei Domus in Leuven ist die Wirtschaft gleich angeschlossen.

Inzwischen schickt sich Leuven an, mit moderner Architektur (vor allem rund um den Bahnhof) und der Sanierung ehemaliger Industriegebäude wie auch historischer Bauwerke neue Zeichen zu setzen, sei es für kulturelle oder wissenschaftliche Zwecke. Der Blick ist zudem auf das Kulinarische gerichtet, das aufgewertet werden soll, etwa durch die moderne Interpretation regionaler Gerichte. Man rief ein Bierfestival ins Leben, an dem sich Restaurants mit darauf abgestimmten Gerichten beteiligen, und rühmt sich des eigenen „Champagners".

Ein Konflikt eskaliert

Obwohl die traditionsreiche Katholische Universität Leuven in den 1960er-Jahren offiziell zweisprachig war, wurde die Tatsache eines immer höheren Anteils französischsprachiger Studenten von den flämischsprachigen Kommilitonen zunehmend als unzumutbar empfunden. Nach zum Teil heftigen Auseinandersetzungen zwischen Studierenden und Behörden kam es schließlich zu einer Aufteilung der K.U. Leuven in eine niederländische (KUL) und eine französische Hochschule (UCL). Erstere behielt ihre Sitz in Leuven, die UCL (Université Catholique de Louvain) verlegte man in den neu gegründeten Ort Louvain-la-Neuve im wallonischen Landesteil.

Von Löwen, Sumpf und Wald

Mag im Deutschen auch der König der Tiere den gleichen Namen tragen, so ist das flämische Leuven (Löwen) doch keineswegs nach dem majestätischen Vierbeiner benannt. Der Leu (fläm. „leeuw") hat mit Leuven rein gar nichts zu tun. Die vor dem 16. Jahrhundert gebräuchlichen Bezeichnungen für die Universitätsstadt taugen da schon eher zu einer Erklärung: „Loven", „Lovenne" und „Loevenne" sagte man damals zu der Siedlung an der Dijle; und das rührt nach Expertenmeinung wohl von den beiden Worten „lo" und „ven" her: Sumpf und Wald. Tatsächlich liegt ja Leuven in unmittelbarer Waldnähe – und das Tal

der Dijle war einst sumpfig. Der Löwe von Flandern existiert jedoch durchaus; es handelt sich dabei um Robert III. von Béthune, der als Graf von Flandern im 14. Jahrhundert gegen Frankreich kämpfte, erfolgreich taktierte und einen Frieden errang.

Der flämische Autor Hendrik Conscience machte 1838, also kurze Zeit,

nachdem Belgien unabhängig geworden war, Graf Robert in seinem Roman „De Leeuw van Vlaanderen" zum Helden der Sporenschlacht und verherrlichte ihn als Befreier Flanderns. Seither ist der Löwe das Symbol des flämischen Kampfes für politische und kulturelle Eigenständigkeit. Hippoliet van Peene (1811–1864) widmete ihm ein Gedicht, das Karel Miry (1823–1899) vertonte und das 1973, nachdem es schon Jahrzehnte in der Bevölkerung etabliert war, per Dekret zur Hymne Flanderns erhoben wurde. Die erste Strophe (s. S. 58) lautet in deutscher Übersetzung etwa: „Sie werden ihn nicht zähmen, den stolzen flämischen Löwen, / wenn sie seine Freiheit

Leuven schickt sich an, neue Zeichen zu setzen.

auch mit Fesseln und Geschrei bedrohen. / Sie werden ihn nicht zähmen, solange ein Flame lebt, / solange der Löwe Klauen hat, solange er Zähne hat."

Rebensaft

„Meerdael" nennt sich der moussierende Chardonnay, der auf der Weinkarte von manchem Restaurant in Leuven

Weitläufig ist das Areal der ehemaligen Komturei Alden Biesen (oben),
Vierkanthöfe wie jener bei Tienen bieten ein geschlossenes Bild.

Der Haspengau ist obstreich, Äpfel, aber auch
Kirschen, Birnen und Pflaumen wachsen hier.

Am Kasteel van Horst fällt die helle
Gliederung des Mauerwerks auf.

Hoge Kempen in Limburg, der erste Nationalpark Belgiens, schützt Heide, Wald und Wild.

Schon zu Zeiten der Römer wurde in Belgien Wein angebaut.

steht. Paul und An Vleminckx-Lefever haben die gut 60 000 Reben für diesen Wein – als dessen Taufpate der nahe Meerdael-Wald fungierte, in dem schon Kaiser Karl V. zu jagen pflegte – nach reiflicher Überlegung mit Spezialisten aus der Champagne in Vaalbeek gepflanzt. Und wie ihre etwa 30 Winzer-Kollegen zwischen Leuven und Aarschot knüpfen sie auf ihrer Domaine südlich von Leuven an eine uralte Tradition an. Denn schon zu Zeiten der Römer wurde in Belgien Wein angebaut; eine zweite Blüte erlebte die dortige Rebkultur im Mittelalter. Klimaveränderungen und die Konkurrenz aus dem Burgund führten im 15. Jahrhundert jedoch zur Aufgabe

des Weinbaus. Das älteste Material über die Rebkultur in der Gegend von Leuven geht zurück auf das Jahr 1121. Die heutigen Rebflächen Belgiens umfassen nur noch rund 300 Hektar und wurden im 20. Jahrhundert angelegt. Als Rebsorten haben sich vor allem Kerner, Pinot Gris, Chardonnay, Pinot Noir, Pinot Blanc und Riesling durchgesetzt.

Es gibt jedoch auch autochthone Sorten wie Leopold III., Maréchal Joffre und Loonse Vroege. Rund 50 Domainen zählt das Land insgesamt, das Gros davon in Flandern: im Hageland und im Haspengau. Die brabantischen Weinbauern erhielten bereits 1996 das A.O.C.-Gütesiegel für ihren Hagelandsewijn; drei Jahre

Auf dem Marktplatz von Tongeren erinnert vor der Basilika eine Statue an den Eburonenfürst Ambiorix, der als Sieger über römische Legionen gilt.

Der faszinierenden Geschichte des Nationalgetränks Genever können Besucher im Nationalen Genevermuseum in Hasselt auf den Grund gehen.

Die Teilnehmer der Leonardus-Prozession in Zoutleeuw versammeln sich in der Kirche Sint-Leonardus.

Chicorée

Special

Weißes Gold in Knospenform

„Witloof" – fast jeder Flame bekommt leuchtende Augen, wenn von diesem zarten, „weißen Laub" die Rede ist – dem Chicorée.

Wie Muscheln und Fritten versteht man den Chicorée vor allem in Flandern als nationale Angelegenheit – obgleich das Nachbarland Frankreich bei der Anbaumenge weltweit immer noch die Nase vorne hat. Aber Belgien beziehungsweise Flandern nimmt für sich in Anspruch, den kulinarischen Wert des Chicorées „entdeckt" zu haben. Zwar war die gemeine Wegwarte, zu deren Familie der schmackhafte Korbblütler zählt, schon den alten Griechen und Römern als Gemüsepflanze bekannt. Vom Mittelalter an wurde sie wegen ihrer Wurzeln kultiviert, aus denen man einen trinkbaren Sud bereitete: den sogenannten Zichorien-„Kaffee". Ab 1860 sorgten die bleichen, feinen Chicoréeblätter bereits für einen Nachfrageboom auf Brüssels Märkten. Immer mehr Land-

Chicorée ist Träger wichtiger Mineralstoffe

wirte in der nahen Region Mittelbrabant bauten das Gemüse an. Heute zählt Brabant etwa 300 professionelle Chicorée-Züchter – Traditionalisten ebenso wie Anhänger der modernen Hydrokultur. Wichtig bei beiden Methoden ist die gleichmäßige Temperatur während des Treibprozesses und die Abschottung von Tages- wie Kunstlicht. Sonst würde sich Chlorophyll ausbilden, und mit ihm würden sich mehr Bitterstoffe entwickeln.

später kamen auch die Kollegen aus Limburg in den Genuss des Qualitätslabels Appellation d'Origine Contrôllée: A.O.C.

Hochprozentiges Wacholderwasser
Flandern ist nicht nur die Wiege zahlreicher Bierspezialitäten, sondern auch des Genevers. Bereits im 16. Jahrhundert künden die Chroniken von dem hochprozentigen Getreide-Destillat. Anfänglich wurde es lediglich als Heilmittel für die unterschiedlichsten Krankheiten verwendet, tropfenweise verabreicht und mit allerlei Beeren, Samen und Kräutern angereichert. Den Vorzug erhielt dabei rasch die Wacholderbeere (fläm. „jeneverbes"), denn der Wacholderstrauch war in Belgien weit verbreitet und seine Früchte galten schon lange als probates Mittel zum Beispiel bei Haut- und Darmproblemen.

Bald stellte man freilich fest, dass das aus Roggen- und Gerstenmaische gewonnene „Lebenswasser" nicht nur bei körperlichen Gebrechen Wirkung zeigte, sondern auch „den mensche droefheid" (des Menschen Betrübnis) vergessen ließ. Vom Arzneimittel wandelte sich das offenkundig Euphorie erzeugende Aqua vitae so zum Genussmittel.

Im 17. Jahrhundert indes verboten die Erzherzöge Albrecht und Isabella Produktion und Verkauf. Hasselt aller-

Das Freilichtmuseum Bokrijk bei Genk lässt das Leben um 1900 aufleben, mit Handwerk ...

Weite Heidelandschaft mit struppigem Grün und Lila als warme Grundtöne
bezaubert zur Blütezeit im Limburger Kempenland.

... mit Bauten wie Bauernhäusern, aber auch einer Mühle ...

... und traditionellen 2 PS fürs Weiterkommen.

> „Genever war eine viel bessere Arznei, und um das zu entdecken, hatte er keinen Arzt nötig gehabt."
>
> John Vermeulen, Die Elster auf dem Galgen

dings, das bis 1795 nicht zu den von Albrecht und Isabella regierten Südlichen Niederlanden gehörte, sondern zum Prinzbistum Lüttich, fiel nicht unter das Verbot. In den Österreichischen Niederlanden dann wurde das Brennen von Kornbranntwein – außer bei Getreideknappheit – in ganz Flandern wieder zugelassen. Als im 19. Jahrhundert die belgische Geneverproduktion erneut einen Höhepunkt erreichte, war Hasselt mit 26 Brennereien die wichtigste Produktionsstätte im ganzen Land. Eine dieser historischen Branntweinfabriken birgt heute das Nationale Genevermuseum.

Festfreude zu Ehren der Jungfrau Maria

Zur Muttergottes hat Limburg offenbar eine besondere Beziehung. Bereits im 4. Jahrhundert soll der hl. Maternus ihr zu Ehren im heutigen Tongeren eine Kirche errichtet haben. Tausende von Pilgern strömten alsbald in ihre Mauern. 1890 goss Tongeren die seit dem Mittelalter gepflegte Pilgertradition in eine feste Form und feiert seither alle sieben Jahre das Marienkrönungsfest. Vier Prozessionen und vier abendliche Heiligenspiele locken die vielen Zuschauer an.

Im Mittelpunkt des frommen Spektakels steht eine Marienfigur aus Holz, die im 15. Jahrhundert von einem heute un-

bekannten Schnitzer geschaffen wurde. Neben der Figur wird auch eine Fülle kostbarer Reliquien anlässlich der Kroningsfeesten durch die Straßen getragen. Und jeder zehnte Einwohner Tongerens ist mit von der Partie, wenn das Marienleben in chronologischer Abfolge dargestellt wird: in historischer Kleidung, mit passender – echter! – Haar- und Barttracht. Nach gut drei Stunden erreicht das Gnadenbild der Jungfrau wieder die Kathedrale, um dort auf die nächsten Krönungsfeierlichkeiten zu warten.

Ebenfalls nur alle sieben Jahre verlässt die Virga Jesse ihren angestammten Platz in Hasselt. Es handelt sich um eine gotische Marienstatue aus farbig gefasstem Eichenholz. Seit 1682 bereits pilgern die Gläubigen ihr zu Ehren durch die Stadt; vier Kilometer misst der mit Blumen und Flaggen geschmückte Parcours, der Jesseommegang. Chöre und Musikgruppen ergänzen das Prozessionsspektakel; zudem gibt es ein Glockenspiel- und Orgelfestival. An der Basilika wird in Anwesenheit des nur zu diesen Marien-Feierlichkeiten erscheinenden „Riesen" Langemann – eine Figur der Stadtgeschichte – traditionell Erbsensuppe verteilt. Ebenfalls eingebettet in ein großes Fest mit Kirmes findet zu Pfingsten die Prozession zu Ehren des Sint-Leonardus in Zoutleeuw statt.

Die interessantesten Restaurants

Von feinem Geschmack

Flandern ist ein Eldorado für Feinschmecker ebenso wie für Liebhaber zünftiger Kost. Typische Brasserien servieren deftige Klassiker zum frisch gezapften Bier; junge Köche und Köchinnen interpretieren das kulinarische Erbe ihrer Heimat auf zeitgenössische Weise, sodass für jeden Geschmack etwas dabei ist, wenn man sich zu Tisch setzen will!

② Mémé Gusta

Pure flämische Küche wie aus Großmutters Zeiten in einem geselligen Vintage-Ambiente mit Lederbänken, langem Holztisch und handgeschriebener Karte auf Schulheftseiten bieten Jan und Nele in ihrem neuen Restaurant. Das Angebot reicht von gegrillten Markknochen über Rochenflügel mit Kapern bis hin zu Garnelen-Kroketten, Königinnenpastetchen, Stomp (Kartoffelstampf mit Wurst) und Stoopflees, einem Schmorfleisch-Gericht mit Schweinebäckchen, von dem es auch eine vegetarische Variante gibt (mit Seitan).

① Bonte B

Einfach, ehrlich, entspannt: Bernard Bonte kreiert seine Gerichte jeweils um das Hauptprodukt herum – das kann mal ein Ochsenschwanz sein oder auch ein Stück Wildschweinfilet. Letzteres begleiten dann Gieser-Wildermann-Birne und Rosenkohl; das Dessert umfasst Schokoladen-Bavaroise, Joghurt-Mousse und Bananeneis sowie Calamondinorange. Der kleine Gastraum ist wohltuend schlicht mit viel Holz ausgestattet.

③ La Taverne Greenwich

Schon René Magritte saß hier am Schachbrett, und auch als Filmkulisse diente dieses authentische Belle-Époque-Lokal mit seiner herrlichen Glasdecke, den Kugellüstern, Wandspiegeln, stuckgerahmten Werbeplakaten und echten Goldverzierungen. Aufgetischt wird neben Fisch, Pasta und Salat vor allem typische Brüsseler Brasseriekost wie Waterzoij (Abb. oben links), Wurststampf, Karbonaden oder Hase in Kriekbier.

④ C Jules

Wout Bru in der Provence war einer ihrer Lehrer, aber Julie Baekelandt liebt auch die heimischen Chicoréesprossen und ist stolz auf ihr Carpaccio von gereiftem Rindfleisch aus Sint-Goriks mit Trüffelvinaigrette und Parmesanschnee. Regionales liegt der jungen Köchin wie auch ihrem Lebens- und Herdpartner Céderic sehr am Herzen; das Duo interpretiert es zeitgemäß, verarbeitet etwa Bauchspeck zu Chips und lockert Ziegenkäse zu Schaum auf. Als Ambiente erwarten den Gast weiße bequeme Sessel, dunkler Fliesenboden sowie Wandpaneele mit Blatt- oder Ährenmotiven.

Dweersstraat 12,
8000 Brügge,
Tel. 05 0 34 83 43,
www.restaurantbonteb.be,
So./Mo. geschl.

Burgstraat 19, 9000 Gent,
Tel. 09 3 98 23 93,
www.meme-gusta.be,
Mo., So. geschl., Mi. nur abends

7, rue des Chartreux,
1000 Brüssel,
Tel. 02 5 40 88 78,
www.greenwich-cafe.be,
tgl. 12.00–24.00 Uhr

Markt 15, 9620 Zottegem,
Tel. 09 2 79 11 18,
www.c-jules.be,
So., Mo. und Sa. mittags geschl.

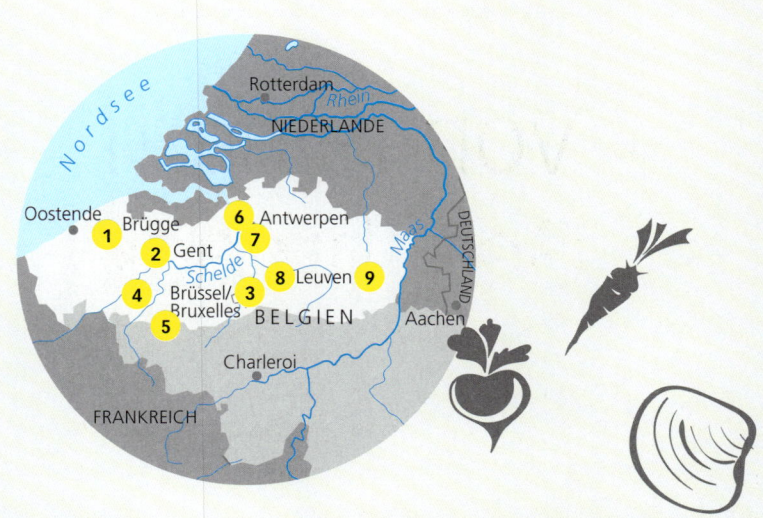

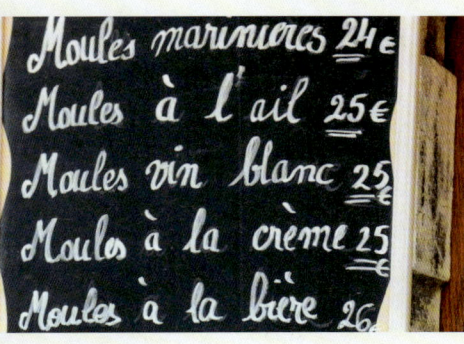

9 Ansoler

Mit zwei Kollegen aus dem Kwiezin hat Anne-Sophie Breysem sich im Sommer 2018 in einem ehemaligen Herrenhaus den Traum vom eigenen Restaurant erfüllt. Ihre modernen Kreationen zeigen Einflüsse aus der ganzen Welt und kommen auf dem Teller als kleine Kunstwerke mit Blüten, Samen und Brotchips (das Brot wird selbst gebacken) daher, werden in grünen Eiswaffeln oder Reagenzgläsern serviert. Zur Vorspeise gibt es z.B. Forelle mit Kirschen und Macadamia-Nüssen, als Hauptgericht Perlhuhnroulade mit süßem Spitzpaprika und Lamsoor.

Maastrichtersteenweg 41, 3500 Hasselt, Tel. 04 73 26 27 46, www.ansoler.com, So./Mo. geschl.

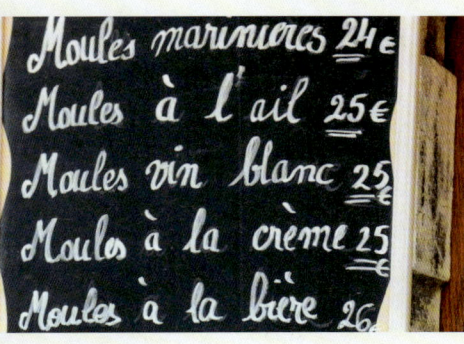

5 La Buvette

Eine ehemalige Metzgerei, von der viele ursprüngliche Elemente noch erhalten sind, mutierte in St-Gilles zu einem Restaurant, dessen Küche sich den Themen Frische und Nachhaltigkeit verschrieben hat. Angeboten wird stets nur ein Tagesmenü mit vier bis zehn Gängen im Tapas-Format, fantasievoll angerichtet wie zum Beispiel der Pulpo natur mit Topinambur, der Ricotta mit Spinat und schwarzem Sesam oder das Ochsenbacken-Ragout mit Knollensellerie.

Chaussée d'Alsemberg 108, 1060 Brüssel-Saint-Gilles, Tel. 02 5 34 13 03, www.la-buvette.be, Di.–Sa. 19.30–23.00 Uhr, Mi., Do., Fr. auch Lunch

6 De Kaai

Einen besseren Aussichtsplatz gibt es wohl kaum: durch die durchgängige Fensterfront am Eck des ehemaligen Hangar 26 schweift der Blick auf die Schelde; von der seitlichen Terrasse hat man nicht nur das Flussufer, sondern auch das neue Museum am Strom im Blick. Dazu ein paar Garnelenkroketten plus Bier, Muschel- und Austernvarianten oder eines der saisonalen Gerichte. Perfekt für Lunch, Dinner – oder auch nur einen Sundowner.

Rijnkaai 94, 2000 Antwerpen, Tel. 03 23 3 25 07, www.de-kaai.be, Di.–Fr. 11.00–24.00, Sa. 12.00–24.00, So. 11.00 bis 24.00 Uhr

7 Grand Café Modeste

An blanken Holztischen vor rauen Backsteinwänden und unter offenem Gebälk wird in dem hohen, lichten Saal dieses schönen Altbaus typisch belgische Küche serviert, oft mit einem Hauch Mittelmeer. Das Angebot reicht von der Tagessuppe mit Käsekroketten bis zum Wildtrio und der Tarte Tatin. Dazu gibt es mehr als ein halbes Dutzend Biersorten vom Fass – also gar nicht so bescheiden, wie der Name des Hauses vermuten lässt.

Wapenstraat 18, 2000 Antwerpen, Tel. 03 2 96 53 68, www.grandcafemodeste. be, Mo–Fr. ab 10.00, Sa./So. ab 11.00 Uhr sowie Dinner & Dance

8 Essenciel

Niels Brants konzentriert sich in der Küche seines kleinen Design-Bistros, das hinter einer grau gestrichenen Backsteinfassade verborgen ist, tatsächlich auf das Wesentliche: die Herstellung von Aromen. Bei lauter Musik denkt sich der junge Koch jeden Tag aufs Neue Überraschendes für die Geschmackspapillen aus – mit Inspirationen aus aller Welt und schöner Struktur. Bei der Komposition der Gerichte geht er stets von tagesfrischen Produkten aus.

Muntstraat 23, 3000 Leuven, Tel. 06 29 06 00, http:// restaurantessenciel.be, So. geschl., Di.–Do. nur abends

„Wissensschritte", Wein und Römererbe

Mit ihren weitgehend flachen, fruchtbaren, von drei Wasserläufen durchzogenen Landschaften umschließt Flanderns jüngste und zugleich kleinste Provinz die Region um die Hauptstadt Brüssel. Zusammen mit dem Nachbarn Limburg ist Flämisch-Brabant ein ideales Terrain für Radfahrer.

① Leuven

Leuven TOPZIEL, die Metropole von Flämisch-Brabant, gibt sich zukunftsorientiert und kosmopolitisch. Bereits im 9. Jh. erstmals erwähnt, entwickelte sich die Siedlung an der Dijle aber trotz ihrer günstigen Lage erst gut zwei Jahrhunderte später zur Blüte. Die erste Stadtmauer stammt aus dieser Zeit; es entstanden erste Kirchen und Klöster. Und die Keimzelle der heutigen Großbrauerei.

SEHENSWERT

Das **Stadhuis** (Rathaus; 1439–1468) am Grote Markt, erbaut nach Brüsseler Vorbild, gilt als eines der schönsten profanen Bauwerke der Spätgotik in Europa. Ein wichtiges Beispiel der Brabanter Gotik ist die **Sint-Pieterskerk** gegenüber. In ihrer Schatzkammer lässt sich „Das letzte Abendmahl" (1464–1468) von Dirk Bouts bewundern. Hinter der bis heute unvollendeten Kirche steht **„Fonske"**; so wurde die Brunnenstatue der „Fons Sapientiae", der Wissensquelle, „getauft". Das Symbol der Leuvener Katholischen Universität stellt einen lesen-

Entspannung bieten die Radtour und Belgiens ältester Botanischer Garten in Leuven. Wenn's so einfach wäre: Wissen à la Fonske

den Studenten dar, der Wissen in sein Haupt gießt. Komplett wiedererbaut wurde am Ostrand des Großen Marktes das mittelalterliche Haus **Tafelrond**, ursprünglich Versammlungshaus der Gilden der Rhetoriker und Schützen. Lediglich restauriert wurde indes der von der UNESCO zum Weltkulturerbe erklärte **Groot Begijnhof** (Große Beginenhof) südlich. Seine Gründung geht auf das 13. Jh. zurück, in den Wohnhäusern aus dem 16. und 17. Jh. leben heute vorwiegend Studenten und Gastprofessoren. Die Kollegien verdienen ebenfalls Beachtung: Reine Renaissance spiegelt an der Naamsestraat das stilvolle **Kolleg Van Dale**. Imponierend ist auch die **Universitätsbibliothek** östlich am Ladeuzeplein, einem der schönsten Plätze der Stadt. Den intimeren **Oude Markt** (Alten Marktplatz) nahe dem Stadhuis säumen Kneipen, in denen sich die Studenten drängen. Gleiches gilt für die **Muntstraat** in der Nähe, an die der Hof der **Hausbrauerei Domus** grenzt (www.domusleuven. be). Der „Kruidtuin", der **Hortus Botanicus Lovaniensis**, war als Kräuter- und Heilpflan-

zengarten bereits 1738 angelegt worden (Kapucijnenvoer 30, 8.00/9.00–17.00/20.00 Uhr).

MUSEUM

Rubenshaus-Architekt Stéphane Beel integrierte für das **M** zwei historische Gebäude in einen Neubau. Nun zeigt das Museum eine Kollektion von Skulpturen des 15./16. Jh., Malerei des 18./19. Jh. und zeitgenössische Kunst (Leopold Vanderkelenstraat 28, www.mleuven. be, Fr.–Di. 11.00 –18.00, Do. bis 22.00 Uhr).

AKTIVITÄTEN

Kanu- und Kajak-Fahrten auf der Dijle ermöglicht Leuven Leisure ab Korbeek-Dijle (www.leuvenleisure.com). Spaß und Spiel bietet die **Freizeitdomäne Kessel-Lo** (Gemeenteplein 5, Tel. 01 6 25 13 92, www.provinciedomeinkessello.be) ebenso wie der **Zoet Waterpark** in Oud-Heverlee (www.zoetwater.be) Kindern und Jugendlichen.

Tipp

Wissensschritte

WetenStappen heißt ein Parcours in Leuven, der sich Wissens- oder Wissenschaftsfragen widmet. Die Route der Katholischen Universität und der drei Hochschulen führt zu den schönsten Plätzen der Stadt. Mehrsprachige Frage-Antwort-Tafeln (auch auf Deutsch) enthüllen interessante Fakten, etwa dass Leuven als Bananen(zucht)-Mekka gilt, weil im Labor für tropische Pflanzen mehr als 1200 verschiedene Bananenschößlinge stehen.

INFORMATION

Einen Plan für die Tour zu Fuß oder per Rad gibt es beim Tourismusbüro Leuven.

Multimedial erzählt das Zuckermuseum in Tienen von der Geschichte des Rohstoffs, von den Saisonarbeitern und der Ernte der Zuckerrüben und ihrer vielseitigen Verwendung.

VERANSTALTUNGEN

Bei den „**Beleuvenissen**" gastieren an vier Freitagen im Juli an zahlreichen Stellen der Stadt Interpreten unterschiedlicher Musikrichtungen. Alle Konzerte sind open air und gratis, Termine/Infos über das Fremdenverkehrsamt.

HOTEL

Christine Hoste-Wauters hat ein elegantgemütliches Bed & Breakfast geschaffen: €€ / €€€ **Oude Brouwerij Keyser Carel** (Lei 15, Tel. 01 6 22 14 81, www.keysercarel.be).

RESTAURANT

Auf belgische Gerichte ist €€€ **Kokoon** spezialisiert (Meiersstraat 1, www.kokoon.be).

EINKAUFEN

Bekannte Marken und kleinere Labels findet man in der **Bondgenotenlaan** zwischen Bahnhof und Grote Markt. Edler geht es in Sachen Bekleidung und Design am Beginn der **Mechelsestraat** nördlich des Grote Markt zu.

UMGEBUNG

Inmitten einer Wald- und Wiesenlandschaft liegt das **Kasteel van Horst** in St. Pieters-Rode (ca. 13 km nordöstl., www.kasteelvanhorst.be). Das Witloof-Museum in **Kampenhout** (16 km nordwestl.) informiert über den Chicorée. Einen reizvollen Stadtkern hat die ehemalige Oranierresidenz **Diest**, von der aus es nicht weit zur **Abdij van Tongerlo** (20 km, mit Gästezimmern) ist, zur **Abdij Averbode** (5 km) mit der Barockkirche und nach **Scherpenheuvel** (6 km), Belgiens bedeutendsten Wallfahrtsort. Rund 18 km nordöstl. von Leuven liegt **Aarschot** mit dem Beginenhof und der Liebfrauenkirche.

INFORMATION

Tourismus Leuven, Naamsestraat 3, 3000 Leuven, Tel. 01 6 20 30 20, www.leuven.be

② Sint-Truiden

Mitte des 7. Jh. gründete Trudo zwischen Leuven und Tongeren ein Kloster, aus dem später der heutige Hauptort des Haspengaus erwuchs. Die einstige Tuchhandelsstadt, umgeben von einer Obstbaumlandschaft, spiegelt bis heute Wohlstand und religiöse Tradition.

SEHENSWERT

Wie ein offener Ring wirkt der **Grote Markt** – der zweitgrößte von ganz Belgien (nach Sint-Niklaas in Ostflandern). Das klassizistische **Stadhuis** wurde an den Belfried (1606) angebaut; ganz nah erhebt sich die gotische **Onze-Lieve-Vrouwkerk** (in der Schatzkammer der Reliquienschrein des hl. Trudo), während am Nordende des Markts der mächtige Kirchturm der **Abdij** (Abtei) aufragt. Sie war einst eine der größten Klosteranlagen der Niederlande; die Gebäude stammen nun jedoch vorwiegend aus dem 18. und 19. Jh. Eines von ihnen birgt das Stadtmuseum. Um 1730 entstand die imponierende **Minderbroederkerk**;

original erhalten aus der Frührenaissance ist der Turm der **Sint-Maartenkerk**. Gegenüber dem Beginenhof von Sint-Agnes lässt sich im **Studio Festraets** die größte astronomische Uhr der Welt bewundern.

MUSEUM

Das **Museum Vlaamse Minderbroeders** dokumentiert die Tradition des in Sint-Truiden ansässigen Ordens (Capucienessenstraat 1–3, www.demindere.be, Di.–Sa. 10.00–12.30, 13.00 bis 17.00, So./Fei. 14.00 –17.00 Uhr).

UMGEBUNG

Zoutleeuw (etwa 10 km westl.) war eine der sieben freien Städte des Herzogtums Brabant und ist bekannt für seine Tuchindustrie. Vom Bildersturm des 16. Jh.s ebenso verschont wie von französischer Besatzung, legt das bauliche Erbe des mit Klöstern reich bedachten Städtchens noch immer Zeugnis von seiner einst bedeutenden Rolle ab. Sint-Leonardus am Grote Markt (13.–16. Jh.) gilt als die einzige Kirche in Belgien mit unversehrtem spätgotischem Innern. **Tienen** (20 km westl.) wird gern als „süßeste Stadt" von Flandern bezeichnet; hier steht u. a. die größte Zuckerwürfelfabrik von Belgien und am Grote Markt 6 ein Zuckermuseum (Suikermuseum, Di.–So. ab 10.00 Uhr).

INFORMATION

Toerisme Sint-Truiden, Grote Markt 44, 3800 Sint-Truiden, Tel. 01 1 70 18 18, www.toerisme-sint-truiden.be

③ Tongeren

„De eerste Stad van België" – mit diesem Slogan wirbt die Kleinstadt (ca. 30 000 Einw.) am Südostrand des Haspengaus. Unter dem Namen Atuatuca Tungrorum wurde sie circa 10 v. Chr. als römisches Feldlager an der Straße von Köln nach Reims gegründet.

SEHENSWERT

Nahezu täglich, so heißt es, finden die Archäologen neue Zeugnisse vergangener Jahrhunderte im Herzen der Stadt. Das schlägt am **Grote Markt**, der von der gotischen **Onze-Lieve-Vrouwbasiliek** (1240–1509) überragt wird (mit Schatzkammer) und an dem sich Restaurants und Kaffeehäuser drängen. Neben der Basilika sind Überreste der beiden **römischen Stadtmauern** zu sehen (2. u. 4. Jh.) und eine **Statue des Ambiorix**, des Eburonenfürsten, der gegen die Römer kämpfte und die Stadt einnahm. Über die Repenstraat erreicht man den **Beginenhof** mit seiner Kirche (13. Jh.); heute mit B & B. Bergab gelangt man zur **Moerenport**, dem einzig erhaltenen von ursprünglich sechs mittelalterlichen Stadttoren. Der Mauergürtel aus dem 13. Jh. ist fast komplett erhalten.

MUSEUM

Trefflich illustriert die Zeit der Römer und der keltischen Gegenwehr das **Provinciaal Gallo-Romeins-Museum** (Gallorömisches Museum, Kielenstraat 15, www.galloromeinsmuseum.be, Di.–Fr. 9.00–17.00, Sa./So. 10.00–18.00 Uhr), häufig mit Wechselausstellungen.

VERANSTALTUNGEN

Antikes und Altes jeglicher Art bieten die Händler des allsonntäglichen großen **Trödelmarkts** an (6.00–13.00 Uhr). Alle sieben Jahre wird in Belgiens ältester Stadt eine große **Marien-Prozession** abgehalten (wieder 2023, www.kroningsfeesten.be).

UMGEBUNG

Etwa 10 km nordöstlich von Tongeren gründete der Deutsche Orden Anfang des 13. Jh.s seine **Großkomturei Alden Biesen**. Ca. 10 km östlich, bei **Riemst**, liegt das Weingut Genoels-Elderen (Kasteelstraat 9, www.wijnkasteel.be), wo man probieren kann, was die Limburger aus dem römischen Erbe der Traubenkultur ge-

»Sie werden ihn nicht zähmen, solange ein Flame lebt,
Solange der Löwe Klauen hat, solange er Zähne hat.«

Refrain der flämischen Nationalhymne

macht haben. Rund 10 km westlich sollten sich Rosenliebhaber keinesfalls das **Kasteel Hex** (18. Jh.) entgehen lassen (www.hex.be).

INFORMATION
Toerisme Tongeren, Via Julianus 5, 3700 Tongeren, Tel. 01 2 80 00 70, www.tongeren.be

 Hasselt

„Hoofdstad van de smaak", Hauptstadt des Geschmacks, nennt sich das als Genever-Hochburg berühmte Hasselt inzwischen – und spielt damit auch auf seine Entwicklung zur trendigen kleinen Schwester der Mode- und Designmetropole Antwerpen an. Im Mittelalter Marktort der Grafen von Loon, blühende Tuchmacherstadt und seit dem 19. Jh. Hauptstadt der Provinz Limburg, glänzt Hasselt kaum mit historischen Sehenswürdigkeiten, nimmt aber durch seine typisch flämische Atmosphäre ein.

SEHENSWERT
Im Stadtkern finden sich sowohl die **Onze-Lieve-Vrouwkerk** (18. Jh.) als auch die **Sint-Quintinuskathedraal** (15./16. Jh.), deren Turm (mit 47-teiligem Glockenspiel) den von Terrassen-Cafés gesäumten **Groten Markt** überragt. Am Havemarkt, in der Aldestraat und der Lombaardstraat finden sich Modeläden.

MUSEEN
Die Fußgängerzone Hoogstraat/Demerstraat führt zum **Modemuseum** (Gasthuisstraat 11, www.modemuseumhasselt.be). Wer sich auf der Höhe der Minderbroederstraat rechts hält, gelangt vorher zum **Nationaal Jenevermuseum** (Witte Nonnenstraat 19, www.jenever museum.be, beide Di.–So. 10.00–17.00 Uhr).

VERANSTALTUNGEN
Jedes Jahr in der zweiten Oktoberhälfte feiert Hasselt sein **Genever-Fest.** Nur alle sieben Jahre wird im August die **Virga-Jesse-Prozession** zu Ehren der Jungfrau Maria abgehalten (www.virga-jessefeesten.be, nächster Termin 2024). Als multidisziplinäres Kunstfestival präsentiert sich neuerdings die **Stadtriënnale** (www.stadstriennale.be, nächster Termin 2019).

UMGEBUNG
Genk (ca. 12 km nördlich) war fast 200 Jahre geprägt vom Steinkohle-Bergbau; mit dem Europlanetarium besitzt es heute eine der modernsten Einrichtungen in Sachen Himmelskunde im Erholungsgebiet **Kattenvennen.** Zu Genk gehört auch die **Domein Bokrijk** (8 km nordöstl.) mit ihrem gut 5 km² großen Freilichtmuseum (mehr als 120 Gebäude), der **Nationalpark Hoge Kempen** liegt ca. 12 km nördlich. Etwa 20 km Richtung Nordosten liegt **Maaseik,** Geburtsort der Brüder Hubert und Jan van Eyck, ihrem Schaffen ist eine Ausstellung im Minderbroedersklooster gewidmet.

INFORMATION
Toerisme Hasselt, Maastrichterstr. 59, 3500 Hasselt, Tel. 01 1 23 95 40, www.hasselt.eu

Genießen   Erleben   Erfahren

Geschmackvoll radeln

DuMont Aktiv

Eine Region aktiv entdecken und dabei genießen: Limburg hat sich in dieser Hinsicht etwas Besonderes ausgedacht und eine köstliche Rundtour für Radfahrer ausgearbeitet. Erfrischende Biere, hausgemachtes Eis und Menüs mit lokalen Produkten locken an der Strecke.

Ein Türmchen am Rad- und Reiterhof-café Breugelhoeve zeigt uns, dass wir hier richtig sind: Vor uns befindet sich ein „fietsinrijpunt", eine Radweganfahrtsstelle. Also rauf auf die grünen 7-Gang-Fahrräder, die man direkt neben dem großzügigen Parkplatz mieten kann. Eine Streckenschleife von rund 40 Kilometer haben wir uns vorgenommen – mit vielen genussvollen Zwischenstopps.

Als Erstes geht es nach Bocholt, wo aus der 1758 gegründeten Brauerei der Familie Martins inzwischen Europas größtes Brauereimuseum entstand. Natürlich gibt es eine Kostprobe beim Besuch.

Gen Süden lockt die handwerkliche Kaffeerösterei Gulden Tas' in Bree – und nur wenige Radminuten südwestlich, auf dem Weg nach Opitter, liegen der Kräutergarten Stukkenheidehof, dessen Besitzerin nach der Tour um die Beete köstlichen Pfefferkuchen reicht, und der Milchviehbetrieb 't Rorenijsje.

Eine außergewöhnliche Adresse verleitet uns, Gruitrode anzusteuern: Dort liegt die Paardenmelkerij Greevenhof. Hier kann man auf der Terrasse unter anderem Stutenmilch-Eis kosten und im Hoflädchen Kosmetik oder Likör erwerben. Die letzten 15 Tour-Kilometer dann strampeln wir auf direktem Weg zurück zu unserem Ausgangspunkt Breugelhove – ohne unterwegs nochmals der Verführung eines Picknickplatzes zu erliegen.

Weitere Informationen

Fahrräder
können von April bis Ende September an gut drei Dutzend Limburger Radservicestationen gemietet werden (pro Tag 8 Euro, E-Bikes 20 Euro, Kinderräder 5 Euro). Tel. 09 6 99 67

Fahrradrouten
Alle Routen in Limburg sind durch nummerierte Knotenpunkte verbunden, die an Radwegekreuzungen durch ein rechteckiges blaues Schild angezeigt werden. Detaillierte Fahrradkarten sind erhältlich unter: www.toerismelimburg.be

Erfreut in Limburg: Radeln mit kulinarischen Pausen

Flanderns Tor zur Welt

Hafenflair, historische Gildehäuser, eine lebendige und internationale Modeszene, faszinierende, hochkarätige Kunst – Antwerpen ist weit mehr als Europas Diamantenmetropole. Die Stadt an der Scheldemündung gilt als die heimliche Hauptstadt Belgiens, sie steht für Vielfalt und Innovation. Beständigkeit hingegen atmet ihre Umgebung: Heidelandschaften, Kiefernwälder, Moore und Binnendünen. Jahrhundertealte Abteien und reizvolle Städtchen wie Mechelen und Lier setzen hier architektonische Akzente.

Den Grote Markt in Antwerpen rahmen die Häuser der einstigen Zünfte – der Schützen wie der Krämer und der Zimmerleute.

Dynamisch, weltoffen und voller Gegensätze – so gibt sich Antwerpen.

Die Onze-Lieve-Vrouwekathedraal in Antwerpen prägt das Stadtbild, sie birgt zwei Meisterwerke von Peter Paul Rubens.

Originelles Jugendstilhaus in Antwerpen

Der Botanische Garten in Antwerpen hat nicht nur einen schönen Baumbestand,
sondern ist auch reich an den verschiedensten Kräutern.

„Antwerpen war
eine pulsierende
Handelsstadt, wie
am Betrieb auf den
Zufahrtswegen zu
merken war."

John Vermeulen, Die Elster auf dem Galgen

Dynamisch, weltoffen und voller Gegensätze – Antwerpen merkt man deutlich an, dass es einen der weltweit größten Häfen birgt. Dennoch fasziniert die Stadt erst auf den zweiten Blick. Rau und sperrig wirkt sie; lange Jahre hatte sie sich abgewandt von ihrem Fluss. Nun erwacht sie nicht nur an seinen Ufern, sondern auch an vielen anderen Ecken zu neuem Leben – stets jedoch im Bewusstsein ihrer wechselvollen Geschichte, die vom galloromanischen Ursprung über die wirtschaftliche Blüte im Zeichen Brabants und das „Goldene Zeitalter" des 16. Jahrhunderts reicht bis zur Ernennung zur Kulturhauptstadt Europas 1993. Die erste Begegnung macht sie ihrem Gast nicht leicht – aber bald erliegt er dem energiesprühenden Zauber der Stadt.

Großes Dorf im Wandel

Ein großes Dorf, sagen die Antwerpener, sei ihre Stadt, groß genug, um alles zu bieten, aber doch klein genug, dass man überall zu Fuß hingehen könne. Tatsächlich sind es nur knapp vier Kilometer von den ersten Hafendocks bis zum Koning Albertpark im Süden der Stadt. Und von den Scheldekais bis zum Hauptbahnhof spaziert man in gerade mal 25 Minuten. Mehr als hundert Nationalitäten leben in diesem überschaubaren Rahmen – ein

Großteil davon sind Muslime. So viel Fremdes in ihrer katholischen Stadt wollen einige Einheimische nicht dulden.

Glücklicherweise ist der Alltag der Stadt jedoch vorwiegend von Liberalität, Lebenslust und studentischer Lockerheit geprägt. Zudem schickt sich Antwerpen an, sein Bild in jeglicher Hinsicht aufzupolieren. Zahlreiche Projekte zur Stadterneuerung wurden bereits realisiert – vom neuen Yachthafen am „Inselchen" ('t Eilandje), dem restaurierten Festsaal im Zentrum und dem Justizpalast nach einem Entwurf des britischen Architekten Richard Rogers über die Erweiterung des Jugendstil-Bahnhofs bis hin zur Komplettierung des Autobahnrings mit einer großen Brücke im Norden und der Wiederanlage der Scheldekais sowie dem vielerorts erneut freien Durchgang zum Fluss.

Auch mit neuen Museen glänzt Antwerpen seit einiger Zeit: So widmet sich seit Mai 2018 das DIVA Museum in einem historischen Stadtpalais ausführlich dem Thema Diamanten; aber hier erlebt man mehr als nur eine Ausstellung, geboten wird auch eine interaktive Reise in die funkelnde Luxuswelt einer Diva. Das Museum aan de Stroom (MAS) bündelt u. a. die Sammlungen des Schifffahrtsmuseums sowie die seefahrtrelevanten Objekte des Ethnografischen Museums.

Beeindrucken in den massiven Mauern des Königlichen Museums der Schönen Künste in Antwerpen die Hauptwerke der Kunstgeschichte, so ist es beim neuen Justizpalast die fast filigrane Architektur, die die Blicke auf sich zieht.

Das Haus Plantin-Moretus in Antwerpen hat sich seit jeher der Druckkunst verschrieben.

Das Ambiente des Modemuseums ist zurückhaltend gestaltet.

Diamanten

Special

Hochkarätige Sternensplitter

....

Als „Sternensplitter, die vom Himmel fallen", erklärten sich die alten Griechen bildhaft das Phänomen der Diamanten.

Antwerpen spielt bereits seit dem 15. Jahrhundert eine wichtige Rolle für den Handel und die Bearbeitung der wertvollen Steine. Heute ist die Diamantindustrie, an der gut 25 000 Arbeitsplätze hängen, nach dem Hafen der zweitwichtigste wirtschaftliche Pfeiler der Scheldemetropole. Vier Diamantenbörsen sind in Antwerpen aktiv. Rund 60 Prozent aller Rohdiamanten nehmen irgendwann einmal den Weg über das Antwerpener Diamantenviertel und 40 Prozent der weltweit geförderten Industriediamanten. „Cut in Antwerp" steht als internationales Qualitätssiegel immer noch weltweit für höchste Vollkommenheit. Um bis zu 100 000 Euro kann der Antwerpener Schliff den Wert eines ohnehin schon kostbaren Steins steigern.

Unverbrüchlich: „A girl's best friend" ...

Ungefähr 1500 Diamantfirmen haben in dem kleinen, von Hunderten Kameras überwachten Areal in der Nähe des Hauptbahnhofs ihr Domizil. Wenn nicht schon in einem dieser traditionell von jüdischen Familien geführten, nun oft in den Händen von Indern befindlichen Unternehmen, so erfährt der Wissbegierige spätestens im neuen Diamantenmuseum DIVA oder über die App „Antwerp loves Diamonds" viele Details.

Das Auswanderer-Museum wurde in den ehemaligen, denkmalgeschützten Gebäuden der „Red Star-Line"-Reederei realisiert, auf deren Schiffen zwischen 1873 und 1934 mehr als drei Millionen Menschen Europa verließen. Die Ersten von ihnen waren verarmte Flachsarbeiter und Bauern aus Flandern, die in Antwerpen in Bettlerkolonien lebten und teilweise kriminell geworden waren; das Ticket für die Überfahrt zahlte die Stadt. Später schwemmten die Pogrome in Osteuropa Tausende von Juden in den Hafen Antwerpens, von wo sie via New York aufbrachen in ein neues Leben.

Landzunge und süße Hände

Antwerpens berühmteste Süßigkeit hat die Gestalt einer Hand. Traditionell handelt es sich bei den „Antwerpse Handjes", die der einheimische Konditor Jos Hakker 1934 im Rahmen eines Kollegen-Wettstreits erfand, um mürbe Butter-Mandel-Plätzchen.

Die Existenz der Handjes verdankt sich der Legende um die Namensgebung der Stadt. In ihr heißt es, dass die Schelde auf Höhe von Antwerpen zu Beginn unserer Zeitrechnung von einem Riesen beherrscht worden sei. Dieser Gigant namens Druon Antigon verlangte von jedem vorbeifahrenden Schiffer einen hohen Zoll. Wer nicht zahlen wollte,

Antwerpens wappengeschmücktes Stadhuis, ein schöner Renaissancebau,
begrenzt den Grote Markt über rund 70 Meter an der Westseite.

Noch ist Platz im stilvollen, kronleuchtergeschmückten
Café des Bourla-Theaters in Antwerpen.

Die Wände des Wohnraums im restaurierten Rubenshuis
schmücken Gemälde aus der Hand des Künstlers.

dem wurde die Hand abgehackt. Erst als der unerschrockene römische Soldat Silvius Brabo den Riesen tötete und ihm seinerseits die Hand abhackte, die er in die Schelde warf, war es mit der grausamen Zoll-Gepflogenheit vorbei. Und die Siedlung, die sich am Flussufer entwickelte, hieß fortan Handwerpen (deutsch: Handwerfen).

Bis weit ins 17. Jahrhundert blieb diese Schreibweise in vielen Dokumenten geläufig. Und auch wenn die Antwerpener als aufgeklärte Bürger später nicht mehr unbedingt an Sagen und Legenden glaubten, so hielten sie ihren „Befreier" Brabo doch in Ehren und setzten ihm sogar ein Denkmal mitten in der Stadt: In Bronze gegossen, ist Brabos Standbild mit der abgeschlagenen Hand des Riesen

Antwerpen hat vielen Künstlern beste Arbeitsbedingungen geboten.

heute auf dem Grote Markt zu bewundern. Der Antwerpener Bildhauer Jef Lambeaux hatte dem legendären Römer als Brunnenfigur 1887 Gestalt verliehen.

Tatsächlich rührt der Name Antwerpen aber wohl von der Bezeichnung „aan de werp" her, was so viel bedeutet wie an der Warft. Die damit gemeinte „angeworfene" Landzunge, die auf der Höhe der Burg Steen in die Schelde ragte, verschwand erst im 19. Jahrhundert mit der Begradigung der Uferkais.

Wo nicht nur Rubens Kunstwerke schuf

Vater und Sohn Bruegel, Anthonis van Dyck, Jakob Jordaens, David Teniers und Frans Hals, die Bildhauerfamilien Quellinus und Verbruggen, die Drucker Plantin und Moretus, der „Hafenmaler" Eugeen Van Mieghem – Antwerpen hat viele Künstler hervorgebracht oder ihnen zumindest beste Arbeitsbedingungen geboten. Kaum einer hat freilich so

Zinnen, Türmchen, Tore und Fahnen – die Burg Antwerpens, der Steen, präsentiert sich heute gar nicht mehr düster.

Kanäle durchziehen die Landschaft im Turnhouter Kempenland, wie hier bei Mol nahe Retie.

Der Gasthof an der Prämonstratenserabtei Postel lädt mit Bier, Brot und Käse aus der Abtei zur Einkehr.

Auf dem Grote Markt von Mechelen steht gegenüber der Rombouts-Kathedrale das Stadhuis. Es ist welterbegeschützt und setzt sich aus zwei Gebäuden zusammen: dem Sitz des Großen Rates links und der einstigen Lakenhalle rechts.

viele Spuren im Stadtbild hinterlassen wie der barocke Malerfürst Peter Paul Rubens (1577–1640). 32 Jahre lebte und arbeitete er in der Scheldestadt. In der Kathedrale und anderen Kirchen sind seine Werke zu bewundern, in Museen und natürlich im Rubenshaus, seinem Wohnsitz, den er im Stil italienischer Renaissance-Palazzi bauen ließ.

Antwerpens mehrfach amtierender Bürgermeister Nicolaas Rockox wird rasch der wichtigste Mäzen des Künstlers, der in Sorge um die Gesundheit der Mutter aus Mantua zurückgekehrt war. Dessen Aufträge „Die Anbetung der Heiligen Drei Könige" für das Antwerpener Rathaus und unmittelbar darauf „Samson und Delila" für das private Wohnhaus verhalfen Rubens dazu, sein Können in kürzester Zeit bekannt zu machen und weitere lukrative Aufträge zu erhalten. Das große Atelier im Malerhaus – nur die Porträts, Zeichnungen und kleineren Gemälde entstehen in Rubens' Privatatelier – erhält rasch Zulauf von Lehrlingen. Einer der Meisterschüler ist der hochbegabte Sohn eines reichen Antwerpeners Textilkaufmanns: Anthonis van Dyck. Mehr als 25 000 Werke entstehen im Lauf der Zeit in Rubens' großem Atelier; der Künstler verlangt hohe Preise für die großformatigen Auftragsmalereien. Die Käufer sind wohlbestallte Bürger und Fürsten, auch aus England, Frankreich, Spanien und Bayern.

Fromme Höfe

Ein gewisser Lambert de Bègue, Priester in Lüttich, gilt als Gründer und Namensgeber der vor allem in Flandern verbreiteten Beginenhöfe. Der Beginen-Orden entstand bereits Ende des 12. Jahrhunderts; quasi als Antwort auf die überfüllten Klöster (denn unverheiratete Frauen hatten damals wenig andere Überlebensmöglichkeiten als in diesen frommen Institutionen). Die Grundidee war: Wohlhabende, aber auch weniger begüterte Frauen, junge Mädchen und Witwen bilden eine religiöse, eigenverantwortliche Gemeinschaft. Auf freiwilliger Basis leben sie mit- und füreinander, widmen sich der Armen- und Krankenpflege, der Erziehung von Waisen und später auch der Seelsorge.

Im Gegensatz zu Nonnen mussten Beginen kein Gelübde ablegen und konnten jederzeit aus der Gemeinschaft austreten. Keuschheit war allerdings Pflicht für Beginen.

Von der UNESCO geadelt

Die UNESCO hat die Beginenhöfe in Belgien zum Weltkulturerbe erklärt, in der Provinz Flandern finden sich allein drei von ihnen: jener von Lier, von Turnhout und der Große Beginenhof von Mechelen. Gleiches gilt für die Belfriede, die hohen, schlanken, typisch flämischen Glockentürme, errichtet von den Städten oder Gilden als Zeichen weltlicher Macht.

Belfriede und einige Abteien prägen die Landschaft um Antwerpen.

Um Antwerpen prägen sie die Landschaft ebenso wie einige jahrhundertealte Abteien: jene von Tongerlo und Postel im satten Grün des Kempenlandes wie die nicht nur Bierliebhabern bekannte Trappistenabtei von Westmalle.

SPRACHENSTREIT

Ein Graben zwischen Straat und Rue

Soll jede Volksgruppe auch in offiziellen Belangen ihre eigene Sprache haben? Seit Jahrzehnten schwelt in Belgien der Sprachenstreit – als Ausdruck tieferer historisch begründeter Konflikte.

Europa ist vereint, doch im Mitgliedsstaat Belgien schwelt ein tiefer Zwist: Bestrebungen, Flandern zu einem eigenständigen Staat zu machen, werden stärker.

D it is wat we delen" („Dies ist, was wir teilen"). Unter diesem Motto traten im Herbst 2016 nicht etwa Belgiens Flamen und Wallonen gemeinsam als Ehrengast der Frankfurter Buchmesse auf. Sondern Flandern und die Niederlande. Denn beide sprechen (fast) eine gemeinsame Sprache. Belgien hingegen ist seit Langem schon linguistisch gespalten. Nachdem am 22. Mai 1878 in dem bis dahin offiziell rein französischsprachigen Land ein Gesetz erlassen worden war, welches es den Bewohnern der vier Nordprovinzen sowie der Arrondissements Louvain/ Leuven und Brüssel erlaubte, Französisch und Flämisch gleichberechtigt zu nutzen, etablierte man am 31. Juli 1921 mit einem weiteren Dekret eine offizielle Sprachgrenze. Die nördlichen Kommunen waren damit verpflichtet, nur noch Flämisch zu sprechen, die südlichen nur Französisch.

Auch die belgischen Biersorten tragen verschiedensprachige Bezeichnungen.

Flucht in die Piktogramme

Seither schwelt der Sprachenstreit. Und treibt mitunter kuriose Blüten. Im flämischen 33 000-Seelen-Städtchen Menen etwa keimte die Idee, dass Beamte nur noch in Zeichensprache antworten, wenn ein Mitbürger sie auf Französisch anspricht. Menen liegt direkt an der Grenze zu Frankreich, viele seiner Bürger beherrschen, so heißt es, kein Niederländisch. Man brauche strikte Regeln, um sie am Französischsprechen zu hindern und die Französisierung der Gemeinde zu verhindern. So sollten auch französischsprachige Schilder in der Kommune durch Piktogramme ersetzt werden.

In Sint Joris Weert, das ebenfalls direkt auf der Sprachgrenze liegt, sieht man das Thema offenbar etwas lockerer. Flamen und Wallonen gehen hier seit Langem schon Ehebünde miteinander ein, gründen Familien. Sie sprechen im Alltag sowohl Flämisch als auch Französisch. Die Straße, die über den Sprach-„Graben" führt, hat allerdings zwei ganz unterschiedliche Namen. Auf der einen Seite heißt sie Roodse Straat, auf der anderen Rue Weert Saint Georges.

In Brüssel funktioniert der Alltag in der Regel multilingual. Ansagen am Bahnsteig werden oft in vier Sprachen gemacht. In der U-Bahn leuchten die Haltestellen auf dem Display abwechselnd in Niederländisch und Französisch auf.

Im Spannungsfeld

Der Sprachenstreit, so heißt es, zeige, wie spannungsgeladen das Verhältnis zwischen der flämischen und wallonischen Bevölkerung in Belgien nach wie vor ist. Und eigentlich gehe es ja um viel mehr: Die Flamen fordern Revanche für vergangenes Unrecht, die frankophonen Belgier hingegen wehren sich gegen einen gewissen Verlust ihres Einflusses. Denn einst war die Oberschicht frankophon. Die einst ärmeren niederländischen Provinzen, die in wirtschaftlicher Hinsicht aufholten, forderten politische und kulturelle Autonomie innerhalb Belgiens. Die Sprache dient in diesem Zusammenhang als Waffe zur Verteidigung der Kultur der einzelnen Bevölkerungsgruppen. Ein gemeinsames Auftreten von Flandern und den Niederlanden bei der Buchmesse ist der Versöhnung von Flamen und Wallonen dabei wohl kaum dienlich.

Fakten

Flamen & Wallonen

Von den ca. 10,5 Millionen Einwohnern in Belgien leben ca. 6,1 Millionen in Flandern, 3,4 Millionen in Wallonien (und 1 Million in Brüssel). In der Medienlandschaft spiegeln sich die Sprachgebiete, u. a. in den öffentlichen Rundfunk- und Fernsehsendern (VRT – Vlaamse Radio en Televisie, RTBF – Radio Télévision Belge de la Communauté Française sowie BRF – Belgischer Rundfunk), den privaten Fernsehkanälen wie auch der Presse, die niederländischsprachig, frankophon und deutsch erscheint.

Stille Landschaften und klösterliches Bier

Grün, viel Grün, dazu ein wenig Purpur, Gold und sattes Braun – die Provinz Antwerpen zeigt sich als facettenreiches Gebilde. Mit Landschafts- und Freizeitparks, Rad- und Wanderwegen bildet sie einen ruhigen Kontrast zur umtriebigen Scheldemetropole – die sich manchmal auch still gibt.

① – ⑳ Antwerpen

Antwerpen TOPZIEL ist avantgardistisch und doch an Werten orientiert. Im 8. Jh. erstmals urkundlich erwähnt, schöpft die Scheldemetropole ihre lebensfrohe Energie bis heute aus Gegensätzen.

SEHENSWERT
Bauliche Highlights im Herzen der Altstadt sind der ① **Grote Markt** mit seinen Gildehäusern aus dem 16. und 17. Jh. sowie die gotische

Tipp

Eisenbahn-Kathedrale

Am Bahnhof Antwerpen Centraal, 1905 fertiggestellt, beeindruckt das fast 200 m lange Jugendstilgebäude mit mächtiger Kuppel, Marmorschmuck und aufwendigen Stuckaturen. Mittlerweile wurde die nun denkmalgeschützte Eisenbahnkathedrale zu einem hochmodernen Haltepunkt umund ausgebaut – vor allem in Hinblick auf die Hochgeschwindigkeitszüge Amsterdam – Paris. Das imposante Hauptgebäude blieb dabei komplett erhalten; umgebaut wurde in erster Linie der historische Hallenteil.

In seinem Haus in Antwerpen lebte der Maler Peter Paul Rubens bis zu seinem Tod. Das Haus wie der zugehörige Garten wurden nach seinen Entwürfen gestaltet.

② **Onze-Lieve-Vrouwekathedraal** (Liebfrauenkathedale), in der u. a. Rubens „Kreuzabnahme" zu sehen ist. Auf dem Weg zur gotischen, innen barock ausgestatteten ⑩ **Sint-Jakobskerk**, die das Grab des Künstlers birgt, kann man das ③ **Rockoxhuis**, das Domizil seines Freundes und Förderers, die ⑥ **Handelsbörse** (1531), das ⑦ **Königliche Palais** sowie den restaurierten ⑨ **Stadsfeestzaal** (Städtischen Festsaal) anschauen. Durch das Diamantenviertel im Osten gelangt man zum prächtigen ⑪ **Hauptbahnhof Antwerpen Centraal** (1895–1905), hinter dem gleich das Gelände des **Zoos** beginnt. Südlich erstreckt sich das jüdische Viertel. Jenseits der Bahngleise in Richtung Südosten liegt das ⑫ **Art-déco-Viertel Zurenborg.**
Im Südwesten grenzt direkt an den Antwerpener Ring der ⑬ **Middelheim Park** mit mehr als 200 Skulpturen im Freien. Nach dem Muster eines Kompasses sind die Straßen im trendigen ⑭ **Viertel Het Zuid** zwischen Gerichtshof und St. Michaeliskai angelegt. Zahlreiche Galerien und eine Kneipenszene finden sich

hier. Nördlich der mittelalterlichen ⑱ **Schelde-Uferburg Steen** (ab 13. Jh.) beginnt das Hafenareal mit teilweise neuer Bebauung.

MUSEEN
Das ④ **Museum „Plantin-Moretus"** ist das einzige weltweit erhaltene Buchdruckerei- und Verlagsunternehmen aus dem 16. Jh. und UNESCO-Welterbe (Vrijdagmarkt 22–23, www. museumplantinmoretus.be, Di.–So. 10.00–17.00 Uhr). Kleidung aus fünf Jahrhunderten präsentiert das ⑤ **Modemuseum MoMu** (Nationalestraat 28, www.momu.be, bis voraus. Herbst 2020 geschlossen). In zehn Räumen lässt das restaurierte ⑧ **Rubenshuis** das Werk (zahlreiche Originale!) des barocken Malergenies aufleben (Wapper 9–11, Di.–So. 10.00–17.00 Uhr). Im klassizistischen Gemäuer des ⑮ **Koninklijk Museum voor Schone Kunsten** (Königliches Museum der Schönen Künste) wird kräftig umgebaut, das Haus ist bis auf weiteres geschlossen. Kleine Ausstellungen werden an verschiedenen anderen Stätten gezeigt (www. kmska.be). In der Nähe liegt das ⑰ **Museum**

van de Hedendaagse Kunst Antwerpen MHKA (Museum für zeitgenössische Kunst; Leuvenstraat 32, www.muhka.be, Di.–So. 11.00 bis 18.00, Do. bis 21.00 Uhr). Stadt-Geschichte(n) mit Panoramablick und Soneraustellungen bietet das ⑲ **Museum aan de Stroom MAS** (Hanzestedenplaats 1, www.mas.be, Di. bis Fr. 10.00–17.00, Sa./So. 10.00–18.00, Nov. bis März Di.–So. 10.00–17.00 Uhr). Im alten Hafen eröffnete 2013 in den historischen Räumen der gleichnamigen Schifffahrtslinie das ⑳ **Red Star Line Museum** zum Thema Emigration (Montevideostraat 3, www.redstarline.be, Di.– So. 10.00–17.00 Uhr). Auf den sechs Etagen des neuen ⑯ **Diamanten-Musems DIVA** (Suikerrui 17-19, tgl. außer Mi. 10.00–18.00 Uhr, www. divaantwerp.be) dreht sich alles um die kostbaren Steine und um Silberschmiedekunst.

AKTIVITÄTEN

Antwerpen lässt sich bestens per Fahrrad erkunden – Leihstation ist u. a. **Velo Antwerpen** (Anm. am Kievitplein 7 oder online, www.

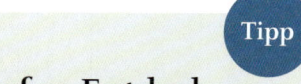

Tipp

Hafen-Entdeckung

Mehr als 13 000 ha Fläche, 350 km Straßennetz und 1000 Jahre Geschichte: Antwerpens Hafen ist nicht nur in Sachen Frachtaufkommen ein Ort der Superlative. Bei einer Hafenrundfahrt (1,5 oder 3 Stunden, niederländ./engl.) erfährt der Besucher eine Menge über Docks und Kanäle, über Frachter und über „Eilandje" (das Inselchen) im ältesten Teil der Anlagen. Alternativ zu den Bootstouren lässt sich der Hafen mit dem eigenen Auto erkunden: Die ausgeschilderte „Hafenroute" führt über 40 oder 65 km. Das Verkehrsbüro Antwerpen hat für die Pkw-Tour die Broschüre „Hafenroute" (niederl./engl.) aufgelegt sowie eine Faltkarte auf Deutsch.

REEDEREI FLANDRIA

Anlegestelle:
Londenbrug, Londenstraat, www.flandria.nu/hafenfahrten, je nach Dauer 15 bzw. 19 Euro, April–Nov., www.portofantwerp.com

Inmitten der Farbtöne: gedeckt in der Manufaktur De Wit in Mechelen, leuchtend im Umland.

velo-antwerpen.be). Geführte Touren (Sa., So. ab 11 Uhr, auf Engl.) bietet z. B. **Antwerp by bike** (www.antwerpbybike.be, nur online) an.

HOTEL

Das Boutique-Hotel **€ € Matelote** (Haarstraat 11a, www.hotel-matelote.be) liegt in einer Gasse zwischen Grote Markt u. Schelde-Ufer.

RESTAURANT

Nostalgisches Kaffeehaus-Interieur und eine schöne Sommerterrasse bilden im **€ € € Bourla** (Graanmarkt 7, Tel 03 2 32 16 32, www. bourla.be) den Rahmen für belgische und französische Spezialitäten.

EINKAUFEN

Köstliche „Antwerpse Handjes" gibt es bei **Philips Biscuits** in der Korte Gasthuisstraat; den 1863 erstmals hergestellten **Kräuterlikör** „Elixier d'Anvers" kauft man am besten direkt im Familienbetrieb am Haantjeslei 132 (www.elixirdanvers.be, auch Führungen).

UMGEBUNG

Beliebte Ausflugsziele östlich sind die **Abdij von Postel** (ca. 50 km) von 1140, die **Abdij von Tongerlo** (ca. 25 km) und die Landschaft um **Retie** (ca. 40 km).

INFORMATION

Toerisme Antwerpen, Grote Markt 13, 2000 Antwerpen, Tel. 03 2 32 01 03, www.visitantwerpen.be

㉑ Lier

„Lierke – plaisierke" heißt es in Antwerpen, wenn von dem Geburtsort von Felix Timmermans (1886–1947) die Rede ist, dem Seelendichter Flanderns. Aufgrund seiner vielen Wasserläufe wird das Städtchen auch „Venedig des Kempenlandes" genannt.

SEHENSWERT

Herzstück von Lier ist der älteste **Beginenhof** von Flandern. Bereits 1258 wurde der Grund-

stein zu dem Ensemble mit 11 Gassen und ca. 160 Häusern gelegt. Wie dieses zählt der gotische **Belfried** am Grote Markt zum UNESCO-Welterbe. Alte Zunfthäuser wie der barocke „Eichenbaum" säumen das Areal. Im **Centrum voor Textiele Kunsten** kann man die Entstehung von Tüllspitze verfolgen (ehem. Kapelle des Godshuis Sint-Barbara en Sint-Beatrix, Begijnhofstraat 24, Mo., Di., Do. 13.30–16.30 Uhr). Kostbarster Kirchenschatz der **Sint-Gummaruskerk** (1425–1540) ist der silberne Reliquienschrein des hl. Gummarus. Im **Zimmertoren** (Zimmerturm) tickt eine astronomische Uhr mit 13 Zifferblättern (mit Museum, Zimmerplein 18, www.zimmertoren.com, Di.–So. 10.00 bis 12.00 und 13.00–17.00 Uhr).

MUSEEN

Werke von Rubens, Breughel und Franz Florins sind im neuen **Stadtmuseum** (Stedelijk Museum, Florent Van Cauwenberghstraat 14, Di. bis So. 10.00–17.00 Uhr, www.stadsmuseum lier.be) vertreten sowie Exponate aus dem einstigen Timmermans/Opsommer Museum.

AKTIVITÄTEN

Die „Koninklijke Moedige Bootvissers" bieten Anfang Mai bis Ende Oktober im Zentrum der Stadt **Bootsfahrten** in alten Aalkähnen an (Tel. 03 4 80 80 75, April–Ende Okt. Sa./So. 14.00 bis 18.00, Juli/Aug. tgl. 14.00 Uhr, http://www. bootjevareninlier.be).

INFORMATION

Toerisme Lier, Grote Markt 58, 2500 Lier, Tel. 03 80 00 55 5, www.visitlier.be

㉒ Mechelen

Als einstige Hauptstadt der Spanischen Niederlande bewahrt Mechelen bis heute seine historische Pracht. Mehr als 300 denkmalgeschützte Bauwerke drängen sich um ihr Wahrzeichen, den Turm von Sint-Rombout, und erinnern an die Blüte im 16. Jh. Der Turm selbst zieht mit seinen beiden Glockenspielen Musiker aus aller Herren Länder an, denn Mechelen birgt die älteste Glockenspielerschule der Welt.

SEHENSWERT

In den historischen Mauern der Renaissancestadt am Ufer der Dijle erklärte die UNESCO gleich drei Gebäude zum Welterbe: den etwa 97 Meter hohen und mit 98 Glocken bestückten Turm der gotischen **Sint-Romboutskathedraal**; den ebenfalls unvollendeten **Belfried** der Tuchhalle (frühes 14. Jh.), die als **Rathaus** genutzt wird, und den **Großen Begi-**

nenhof (13. Jh.). Im Stadtkern locken hübsche Plätze, so der **Schoenmarkt** (Schustermarkt) mit dem Schöffenhaus und dem Denkmal Margaretes von Österreich, die 1507 die Regentschaft der Niederlande erhalten hatte und 1530 in Mechelen verstorben ist. Im westlich davon gelegenen **Palais der Margaretha von York** residiert heute das Stadttheater. Da Kaiser Karl V. hier von 1500 bis 1515 logierte, wird das Gebäude auch Kaisershof genannt. Ebenfalls in der Merodestraat steht am Eck das im Rokokostil erbaute Haus **'t Schipke** (Schiffchen), Sitz der Königlichen Glockenspielschule Jef Denijn. Aufmerksamkeit gebührt auch der **Onze-Lieve-Vrouw-over-de-Dijlekerk** (Liebfrauenkirche, 16. Jh.) im Süden, befindet sich doch hier Rubens' „Wunderbarer Fischfang". Die gotische **Sint-Janskerk** (St. Johannes) nördlich des Grote Markt birgt sein Triptychon mit der Anbetung der Könige. In der 1889 gegr. **Königlichen Manufaktur De Wit** westl. davon werden bis heute kostbare Wandteppiche restauriert und gewoben (Schoutetstraat 7, www.dewit.be, Führungen außer im Juli jeweils Sa. 10.30 Uhr).

MUSEEN

Seit Mitte 2018 birgt der einst Kaiser Karls Lehrer Hieronymus von Beusleyden als Domizil dienende prächtige Burgunder Stadtpalast **Hof von Beusleyden** ein modernes Museum zu Geschichte und Zukunft von Mechelen (Sint-Janstraat 2a, tgl. außer Mi. 10.00–17.00, Do bis 22.00 Uhr, www.hofvanbusleyden.be). Erinnerung und Mahnung zugleich ist das **Joods Museum van Deportatie en Verzet** (Jüdisches Museum der Deportation und des Widerstands) in der ehem. Dossin-Kaserne, von der aus während des Zweiten Weltkriegs 25 000 Juden, Sinti und Roma von den Deutschen nach Auschwitz deportiert wurden (Goswin de Stassartstraat 153, www.kazernedossin.eu, tgl. außer Mi. 9.00 bis 17.00, Sa./So. ab 9.30 Uhr; an jüdischen Feiertagen geschl.). Nicht nur für Kinder und Jugendliche faszinierend ist **Technopolis**, Aktionszentrum rund um Wissenschaft und Technologie (Technologielaan, www.technopolis.be, tgl. 9.30–17.00 Uhr, 1.Sept.Woche geschl.).

AKTIVITÄTEN

Die Provinz Antwerpen lässt sich auf Routen mit Längen von 30 bis ca. 115 Kilometern erradeln. Die markierte **Trappistenroute** z. B. führt von der Abtei Westmalle ca. 45 km durch das waldreiche Kempenland mit Schlössern (www.visitflanders.de/entdecken/radfahren).

ERLEBEN

Klassische Melodien und auch zeitgenössische Kompositionen erklingen bei den **Glockenspielkonzerten TOPZIEL** von Sint-Rombout (Juni–Sept. Mo. 20.30 Uhr). Jeweils am So. vor Himmelfahrt richtet die Stadt die **Hanswijkprozession** aus (www.hanswijkprocessie.be).

INFORMATION

Visit Mechelen, Hallestraat 2–4–6, 2800 Mechelen, Tel. 07 0 22 00 08, http://toerisme.mechelen.be

Genießen   Erleben   Erfahren

DuMont
Aktiv

Mode – ein Spaziergang

Vera wartet schon. Ihre Augen wandern rasch zu unseren Schuhen. Aber die Modeexpertin interessiert sich dabei ausnahmsweise nicht für das Design. Es geht vielmehr um die Bequemlichkeit. „Wir werden gut zwei Stunden zu Fuß unterwegs sein."

Und so setzt sich unser Grüppchen in Antwerpen in Bewegung. Erste Station ist das Flaggschiff der Szene: Dries van Notens „Modepalais" mit erlesenen Stoffen für Damen und Herren, kunstvoll arrangiert. Nach dem Blick in die Gründerzeitarchitektur, gleich neben dem Modemuseum, geht es zu einem ehemaligen Schulgebäude in der Everdijstraat 35, wo unter dem Namen Monar & Clothes neben dem Eigenlabel e35 unter anderem belgische Designer wie A. F. Vandevorst, Tim van Steenbergen und Maison Margiela vertreten sind. Im ersten Obergeschoss eines Gebäudes aus dem 19. Jahrhundert in der Schutterhofstraat hat Dirk van Saene seine Boutique, zu deren Angebot auch Kreationen von Walter van Beirendonck gehören, von Sofie D'Hoore oder Véronique Branquinho.

Gezielt führt uns Vera von Shop zu Shop, oft kennt sie die Betreiber persönlich, hält einen kurzen Schwatz. Aber nicht nur Eleganz und Design bringt sie uns nah; sie kennt auch preiswertere Adressen, etwa in der Kammerstraat oder Klosterstraat – und lockt uns zudem in die prächtig ausgestattete Passage des ehemaligen Stadtfestsaals.

Weitere Informationen

Kommentierter Modespaziergang/ Lifestyle-Führung: auf Anfrage für Gruppen (75 Euro, max. 20 Teilnehmer)

Start: Meetingpoint Scheldekaai 19 (Plantinkaai)

Eigenständige Erkundung: Das Tourismusbüro hat ein kostenloses Faltblatt zu Antwerpens Mode- und Design-Szene aufgelegt, mit einer Liste von Geschäften.

Altarkunst und Arbeiterprotest

Verträumte Landschaften aus Wasserläufen, Wald und Blumenfeldern, die mehr als eine Künstlergeneration entzückten. Steile Hügel, die Radsportler zugleich locken und quälen. Eindrucksvolle Schlösser, stille Bauerndörfer und prächtige Städtchen, in denen nicht nur die Handwerkskunst Geschichte schrieb. Ostflandern ist ein uraltes Stück Land, geprägt von burgundischer Tradition und zeitgenössischem Elan. Seine Metropole Gent war nach Paris die mächtigste und größte Stadt des Mittelalters.

Das Patershol-Viertel in Gent, einst Arbeiterbezirk, ist durch seine vielen Gässchen mit Restaurants und kleinen Läden lebendig.

An Korenlei (oben) und Graslei (rechts) befand sich einst der Genter Hafen. Die Zunfthäuser verleihen der Uferzeile ihren besonderen Charme ...

Fast wie ein Trichter zieht das Westportal der Sint-Baafskathedraal in Gent die Besucher in das Innere der Kirche – dorthin, wo der großartige Altar der Brüder van Eyck mit einem außergewöhnlichen Detailreichtum das Heilsgeschehen schildert.

Ganda bedeutete im Keltischen Zusammenfluss. Dort, wo die Leie in die Schelde mündet, wurde Ganda, das heutige Gent, einst gegründet. Und bis heute versteht sich die Geburtsstadt von Kaiser Karl V. als Wasserstadt. Davon zeugt der Jachthafen ebenso wie der weitgehend autofreie historische Stadtkern mit seinem regen Bootsverkehr (inklusive Wassertrambahn im Hop-on-hop-off-Konzept) und das restaurierte Art-déco-Schwimmbad Van Eyck – das älteste Hallenbad Belgiens.

Gent ist immer wieder für Überraschungen gut. Seien es kunstvoll-ironische Spray-Gemälde an ungewöhnlichen Orten oder Baumreihen, die gepflanzt wurden, um die Grundrisslinien der his-

„Mit Jan van Eyck beginnt eine neue Sehweise in der Malerei."

Guratzsch: Die große Zeit der ndl. Malerei

torischen Bausubstanz erahnen zu lassen. Théo van Rysselberghe, Flanderns bedeutendster Maler des Pointillismus, hätte an solchen Ideen sicher viel Freude gehabt.

Skandalträchtiges „Lamm Gottes" ...
Albert Dürer beschrieb es nach persönlicher In-Augenscheinnahme als „überköstlich, hoch-verständig gemäl". So mancher Zeitgenosse indes war geschockt: Denn die Eva auf Jan van Eycks Genter Altar (1432) ist eine der ersten Aktdarstellungen einer Frau, geschaffen für die Augen der Öffentlichkeit. Auch mit seinen Maßen und Massen sorgte das Kunstwerk für eine Sensation: 250 Quadratmeter Bildfläche, aufgeteilt auf mehrere Retabeln – und bevölkert von mehr als 250 Personen. Und präzise lassen sich Gewänder, Frisuren, Schmuck und Waffen erkennen. Zudem brachte Jan van Eyck (gemeinsam mit seinem

... und vermitteln doch auch – teils in Brabanter Gotik, teils in flämischer Renaissance – die einstige Bedeutung der Stadt Gent als Handelsstadt.

Das Museum Dhondt-Dhaenens in Sint-Martens-Latem widmet sich der belgischen Kunst, präsentiert aber auch beispielsweise Werke wie jenes von Anselm Reye (vorne).

Alles im Zeichen des Bestecks im Designmuseum in Gent – aber zu wem gehören die grünen Arme?

Nahe dem Kouter, dem ehemaligen Turnier- und Festplatz im Süden Gents, lässt sich trefflich shoppen – weiterhin wird Wert auf eine angemessene Gestaltung der Fassaden gelegt.

Feierabend-Bierchen im angesagten Viertel Patershol, ...

... wo Restaurants internationale, aber
auch flämische Küche bieten.

Gentse Feesten

Special

Sommerliche Straßenkultur

....

**Elf Plätze, elf verschiedene Musik-
bühnen – es locken Konzerte von
Jazz bis Funk, von Latin bis Rock.**
Ob vor der Kathedrale, auf dem
Groentenmarkt oder den Wasser-
wegen der Stadt – überall tönen an
zehn Sommertagen und -abenden die
Rhythmen aus aller Herren Länder.
Europas größtes Kulturfestival seien
die Gentse Feesten, behaupten die
Veranstalter; denn tatsächlich sind es
eigentlich vier Festivals, die zeitgleich
abgehalten werden. Das flämische
Showbiz ist jedenfalls auch vertreten,
Coverbands und junge Genter Gruppen intonieren die neuesten Trends.
Zur Musik gesellt sich Kleinkunst,
Schauspiel sowie internationales Pup-
pen-, Figuren- und Objekt-Theater.
Überdies gehören zum Programm
eine Festparade, Feuerwerk, ein Ball
und der berühmte Umzug der Strop-
kes oder Stroppendragers (Schlingen-
um-den-Hals-Träger); diese Tradition
hat ihren Ursprung im Mittelalter, als

Viel Volk auf den Feesten

Herzog Philipp der Gute die Ratsher-
ren von Gent im Büßerhemd mit einem Strick um den Hals antreten und
um Gnade bitten ließ, nachdem das
Stadtheer sich bei der entscheiden-
den Schlacht gegen die burgundische
Herrschaft hatte geschlagen geben
müssen. Die Gentse Feesten finden
jedes Jahr in der Woche vor dem 3.
Sonntag im Juli statt. Der Samstag
davor ist der erste Tag des Festi-
val-Quartetts.

Bruder Hubert) fast 50 verschiedene
Blüten und Pflanzenarten auf dem auch
als „Lamm Gottes" bekannten Altarbild
unter, winzig, aber detailgenau. Selbst
hinter Glas und nicht besonders gut beleuchtet sorgt solch ein Gemälde für an-
dächtiges Staunen. Denn der Altar wird
bis ca. 2020 restauriert und ein Drittel
der Tafeln ist, wenn die Arbeit ruht,
hinter Glas im Museum der Schönen
Künste (MSK) zu bewundern. Zwei Drittel des Originals verbleiben jedoch zum
Kunstgenuss jeweils in der Kathedrale.

... und ein nicht aufgeklärter
Diebstahl

Dass eine Tafel fehlt im Original, fällt
sicher nur dem kunsthistorisch Geschul-
ten auf. Es sind ausgerechnet die „Gerechten Richter", bei denen man sich
mit einer Kopie zufriedengeben muss.
Die Erklärung dafür mutet an wie ein
Thriller: Wie üblich hatte die Sint-Baafskathedraal (St. Bavo) auch am 10. April
1934 ihre Pforten um 19 Uhr geschlossen. Doch aus dem Innern des Gottes-
hauses fiel ein schwacher Lichtschein
auf die Straße. Das weckte die Aufmerksamkeit eines kleinen Ganoven. Kaum
hatte er sich der Kirche genähert, sah er
zwei Männer heraustreten. Sie trugen
zwei große Holztafeln und mühten sich,
diese rasch in einem geparkten Auto zu

Vor den Toren Gents gibt es Schlösser wie jenes von Laarne (ganz oben), den Park Beervelde mit einer der größten Azaleen-Sammlungen Europas (ganz oben rechts und oben) und romantische Wassermühlen (rechts).

Die in ihrer Form klar ausgebildeten Würfelkapitelle in der Hallenkrypta der
Sint-Hermeskerk in Ronse verraten die romanische Herkunft des Baus.

Schon gegen Kaiser Karl V. probten die Genter den Aufstand.

verstauen. Als sich der Augenzeuge bemerkbar machte, erkaufte das Diebesduo mit einem Bündel Geldscheine seine Verschwiegenheit. Es war jedoch ein anderer Mann, der das Schweigen brach. Arsène Goedertier, ein Finanzmakler, gestand auf dem Sterbebett seine Beteiligung am Raub der Altartafeln. Allerdings gab er nichts über den Verbleib der „Gerechten Richter" preis.

Für ein besseres Leben

Rebellion oder zumindest ein ausgeprägtes soziales Bewusstein liegt den Gentern scheinbar im Blut. Schon gegen Kaiser Karl V. probten sie den Aufstand. Und als im 19. Jahrhundert die Textilindustrie in ihrer Stadt aufgrund weitgehender Mechanisierung erneut boomte, trachteten sie, dass nicht allein die Fabrikbesitzer davon profitierten. Genossenschaften formten sich, um die Lebensumstände und Arbeitskonditionen der vielen Tausend Menschen zu verbessern, die in ärmlichen Dachkammern, Hinterhäusern, Kellerräumen und Lagerschuppen hausten und an Spinnrädern, Webstühlen und anderen Maschinen unter oft menschenunwürdigen Bedingungen zum Wohlstand der Textilkönige beitrugen. Gent wurde zur Wiege und Hochburg der Arbeiterbewegung. Über die Samenwerkende Maatschappij

Vooruit, eine der großen Textilgenossenschaften, bauten die engagierten „Roten" an einem Netzwerk von Organisationen, das zum Modell für das übrige Belgien und das Ausland werden sollte. Ihren sozialen und sozialistischen Ideen verliehen die Genter auch architektonischen Ausdruck: So steht auf dem Vrijdagmarkt „Ons Huis", der prachtvolle Artnouveau-Bau der Sozialistischen Arbeitervereinigungen, wie die goldenen Lettern über dem großen Halbbogenfenster verkünden.

Nicht minder eindrucksvoll zeigt sich das Feestlokaal van Vooruit in der Sint-Pietersnieuwstraat. Munter mischte Ferdinand Dierkens – Architekt auch von Ons Huis – 1911 die Stile für den lichten, 300 Räume bergenden Koloss. Theater, Musik, Film, Bälle, politische Zusammenkünfte – ein halbes Dutzend großer Säle stand für solche Anlässe zur Verfügung. Und im Domsaal, dessen Decke sich wölbt wie jene einer Kathedrale, ertüchtigten sich die Mitglieder des sozialistischen Gymnastik-Clubs. Frauen und Männer, Seite an Seite – auch das hatte es zuvor nicht gegeben in Flandern! Komplett restauriert und anno 2000 als flämisches Bauwerk des Jahres ausgezeichnet, steht das Vooruit inzwischen erneut für ein unkonventionelles, spartenübergreifendes Kulturangebot.

Der Belfried auf dem Grote Markt in Aalst, der historischen Tuchmacherstadt an der Dender, ist reich verziert.

Radfahren ist von überragender Bedeutung in Flandern. So wundert es nicht, dass Oudenaarde, mittlerweile Zielpunkt der Flandernrundfahrt, ein Zentrum zu ebendiesem Radsportereignis eingerichtet hat.

Da geht auch rheinischen Jecken das Herz auf: Karnevalsumzug in Aalst.

Steilhöhen für Radsportler

Sie heißen „Quer durch Flandern",
„Scheldepreis", „Der Pfeil von Brabant"
oder „Handzame Classic" und sorgen
allesamt für ein hohes Aufkommen an
Schaulustigen. Höhepunkt dieser flämischen Radrennen ist indes die Ronde
van Vlaanderen, die am 3. April 2016
ihre hundertste Ausgabe feierte.

Erstmals gestartet wurde dieses heute
populärste Eintagesrennen von Belgien
allerdings bereits 1913. Am 25. Mai jenes
Jahres schwangen sich 37 „Flandriens" in
Gent auf die Sättel ihrer Räder, um eine
Strecke von 324 Kilometer in Angriff
zu nehmen. Sie führte u. a. durch Sint-
Niklaas, Aalst, Oudenaarde, Kortrijk,
Veurne, Oostende, Roeselare und Brügge
und zurück zur Radrennbahn des Dorfs
Mariakerke, heute eine Teilgemeinde
von Gent. Das von dem begeisterten
Sportjournalisten Karel Van Wijnen-
daele initiierte und organisierte Rennen
gewann rasch an Popularität; die Sieger
der ersten beiden Jahrzehnte sind längst
zu Mythen geworden – ebenso wie später Eddy Merckx, der zwei Mal als Sieger
über die Zielgerade rollte.

Inzwischen startet das Rennen, das
den schönen Beinamen „Vlaanderens
mooiste" (Flanderns Schönste) trägt, allerdings in Brügge und verläuft unter
anderem über Torhout, Roeselare, Ber-
chem, Brakel und Ronse. Das Ziel ist seit
2012 auch nicht mehr Gerhaardsbergen
mit seiner legendären „Mauer", sondern
Oudenaarde. Trotzdem gilt die heute
rund 250 km lange Ronde van Vlaanderen noch immer als eine der größten
Herausforderungen im Radsport. Denn
sie umfasst nicht nur zahlreiche enge
Wegpartien, sondern viele „hellinge",
also kurze, sehr steile Anstiege, oftmals
auf Kopfsteinpflaster.

Eine Radsportlegende

Im Zielort Oudenaarde befindet sich
ein Museum zur Geschichte der Rundfahrt. Südöstlich des Städtchens, in
Ruien (Kluisbergen), wo Eddy Merckx
am 17. September 1977 seinen letzten
Sieg einfuhr, wurde zudem ein Rund-
kurs mit dem Namen der belgischen
Radsportlegende ausgeschildert (46 km,
vier Anstiege). Und welch wichtige
Rolle das Radfahren im gesamten Land

spielt, zeigt nicht zuletzt die Tatsache,
dass Brüssel bereits 2003 eine seiner
U-Bahn-Stationen auf den Namen Eddy
Merckx taufte ...

Flanderns Worpswede

Als Erstes erlagen die „Mystiker" dem
Zauber der lichten Wälder im Süden
von Gent. Man schrieb das Jahr 1889, als
George Baron Minne, von Auguste Rodin
als Schüler abgewiesen, sich in Sint-Martens-Latem niederließ, um mit einer
Handvoll Malern eine eigene Künstler-
kolonie zu gründen. Bald schon folgten
den Vertretern des Symbolismus jedoch
jene Künstlerkollegen, die die heutige

> **Die Ronde van Vlaanderen gilt als eine der größten Heraus- forderungen im Radsport.**

Doppelgemeinde Deurle/Sint-Martens-
Latem als Wiege des flämischen Ex-
pressionismus berühmt machen sollten:
Constant Permeke, Frits van den Berghe
sowie die Brüder Gustaaf und Leon De
Smet. Nach 1914 sollten noch zwei weitere Gruppen von flämischen Malern

Ostflandern ist ein uraltes Stück Land, geprägt von burgundischer Tradition.

Man mag sich an die französische Schlossbaukunst erinnert fühlen beim Anblick von Schloss Ooidonk, das von einem großzügigen Park umgeben ist.

und Plastikern ihren Wohnsitz in die beiden Dörfer am Ufer der Leie verlegen; alle rechnet die Kunstgeschichte zur Latemse School, wiewohl die vier keine bestimmte Organisation gebildet und auch nur wenige stiltechnische Gemeinsamkeiten hatten. Als Klammer gilt vielmehr das gemeinsame Dorfleben in den heutigen Villen-Vororten der Tuchmetropole, die Inspiration durch die von Wasser, Wald und Weiden geprägte Landschaft – die auch das in der Nähe

Als Klammer der Latemer Schule gilt das gemeinsame Dorfleben.

liegende Schloss Ooidonk umgibt. Insgesamt sechs ehemalige Künstlerhäuser, jetzt privat bewohnt, stehen inzwischen unter Denkmalschutz; mehrere Museen und Galerien reflektieren das Schaffen der Vertreter der Latemser Schule – und auch jener, die deren Erbe bis ins 21. Jahrhundert hinein antraten.

Eine große Sammlung ist im ehemaligen Wohnhaus und Atelier von Gust(aaf) de Smet untergebracht; andere Werke finden sich im einstigen Domizil des Malers Edgar Gevaert. Das Industriellen-Paar Jules und Irma Dhondt-Dhaenens beschloss 1967, seine umfangreiche Kunstkollektion (zu der Arbeiten der Latemser Künstler wie auch von James Ensor oder Isa Genzken zählen) öffentlich zugänglich zu machen. Inzwischen fungiert der schneeweiße modernistische Kubenbau der beiden Sammler auch als Ort für Ausstellungen und andere künstlerische Aktivitäten.

Gegenüber, im historischen „Boldershof", leben die Namen der Künstler auf flämisch-fröhliche Art weiter: das Restaurant hat ihnen eines seiner regionalen Menüs gewidmet. An schlichten Holztischen werden die deftigen Spezialitäten serviert, der Blick schweift dabei vom Teller immer wieder zur sattgrünen Wiese am Rand der Gasse, wo sich allerlei Federvieh lautstark tummelt.

BIER

Gerstensaft mit Kirschgeschmack

Sie tragen Namen wie „Tod" und „Teufel" (Mort Subite, Duvel), locken als „Verbotene Frucht" (De Verboden Vrucht) oder als „Schöne Aussicht" (Belle-Vue), schmecken nach Sauerkirschen und Malz, prickeln manchmal wie Champagner und werden oft auch verkorkt wie jener und nach Jahrgängen sortiert. Belgische Biere sind Legende.

Ob „blonde" oder „brune", ob herb oder fruchtig, stark oder mild, süß oder bitter – das Land der Flamen und Wallonen kann sich rühmen, die größte Vielfalt an Biersorten zu brauen. Durchschnittlich 98 Liter Bier trinkt heute jeder Belgier im Jahr. Mehr als 100 Brauereien zählt Belgien noch heute.

Ausschließlich in der Umgebung von Brüssel entsteht die Spezialität Lambic/Lambiek. Das Geheimnis dieses Weizenbiers ist die spontane Gärung, die von zwei speziellen Hefepilzen ausgelöst wird. Diese kommen nur in einem Umkreis von etwa 20 Kilometern um die belgische Metropole in der Luft vor. Noch nicht vollständig ausgegärtes Lambiek, vermischt mit ganz jungem Bier dieser Sorte, wird in großen Flaschen erneut vergoren und ergibt dann das sogenannte Champagner-Bier: die prickelnde, säuerliche Geuze.

Auch die zahlreichen belgischen Fruchtbiere, die gerne beispielsweise mit Kirschgeschmack daherkommen, basieren auf Lambiek.

Nahrhafter Gerstensaft

Hoch oben auf der Beliebtheitsskala belgischer Biere stehen die Abtei- und Trappisten-Biere – wenngleich ihre Produktion erst im 20. Jahrhundert zur Blüte gelangte.

Die Tradition der Bier brauenden Trappisten – seinen Ursprung hat der Orden in der Normandie – geht auf eine Reform zurück, nach der den Mönchen der Konsum des regional vorherrschenden Getränks erlaubt war, wenn sich das örtliche Wasser als ungenießbar erwies. Buttermilch oder Bier lautete vielerorts die Alternative ...

Mit Enthusiasmus

In der Abtei von Westmalle, im Jahr 1794 gegründet, traf Abt Martus Dom die Entscheidung, eigenes Bier zu brauen. Der Verkauf vor Ort begann gut fünfzig Jahr später, 1856. Heute stammen aus der Brauerei, die sich innerhalb der Klostermauern befindet und von daher nicht zu besichtigen ist, das helle, goldgelbe Tripel von Westmalle und das dunkle, rotbraune Dubbel von Westmalle.

Für so manchen Bierkenner ist indes „Westvleteren 12" das weltbeste Bier. Erhältlich ist es nur in geringen Mengen und auf Vorbestellung in der kleinen Abtei Sankt Sixtus nordwestlich von Ieper in Westflandern.

Auch in Esen bei Diksmuide sind Enthusiasten in Sachen Bier am Werk. Hier geht es vor allem um's Oerbier, das Urbier. „Nat en straf" sei es, also nass und stark. De Dolle Brouwers zeigen damit schon, dass sie über eine große Portion Humor verfügen.

Typisch für Flandern: die große Auswahl an Bieren in einer Lokalität. Die Biere werden in moderner Brautechnik produziert.

Das Koninck wird seit 1833 in Antwerpen in einer einstigen Kutschen-Ausspannstation gebraut.

Flämische Brauereien (Auswahl)

Einige der Brauereien in Belgien, die teils auf mehr als 100 Jahre Brautradition zurückblicken können, bieten Rundgänge an oder verfügen über ein Besucherzentrum.
Antwerpen: De Koninck, www.dekoninck.be
Brüssel: Brauerei Cantillon/Museum van de Geuze, www.cantillon.be
Brügge: De Halve Maan/Straffe Hendrik, www.halvemaan.be
Itterbeck: Timmermans, http://brtimmermans.be
Esen: De Dolle Brouwers, www.dedollebrouwers.be
Steenhuffel: Palm und De Hoorn, www.palm.be

Land am Wasser mit Superlativen

Fast 400 Kilometer schiffbarer Flüsse und Kanäle durchziehen Ostflanderns grüne Landschaft. Wer statt Wasser Wald und Wiese bevorzugt, kann in der Region auf Künstlerspuren wandern oder wie die Radfahrlegenden der Flandernrunde kräftig in die Pedale treten.

① Gent

Aufgrund seiner weitgehend erhaltenen mittelalterlichen Architektur zählt **Gent TOPZIEL** zu den schönsten Städten in Belgien. Die von zwei Flüssen „umarmte" Universitätsstadt erlebte römische, fränkische und normannische Herrschaft, burgundische und habsburgische Zeiten. Ab dem 11. Jh. erblühte sie zur Tuchmacher-Metropole.

SEHENSWERT
Fünf Viertel bilden den historischen Kern der Stadt, und das berühmteste ist sicher Torens mit der **Sint-Baafskathedraal**, die den **Genter Altar** der Gebrüder Hubert und Jan van

Der Portus Ganda am Zusammenfluss von Leie und Schelde: Im Jachthafen in Gent schaukeln sanft die kleinen Boote im Wasser.

Tipp

Groot Vleeshuis

Wo ehemals Metzger ihre Waren anboten, kann man heute regionale Produkte kaufen – vom Gandaham (Schinken) über Bier und Eierlikör bis hin zu Käse und Konfitüre. Fast alles, was in den Vitrinen der bereits 1408 erbauten Fleischhalle liegt, steht auch auf der Speisekarte ihres Lokals.

GROOT VLEESHUIS
Groentenmarkt 7, Di.–So. 10.00 bis 18.00 Uhr, www.grootvleeshuis.be

Eyck birgt (bis voraussichtlich 2020 wird das Kunstwerk restauriert; Mo.–Sa. 8.30–18.00, Nov.–März bis 17.00, So. ab 10.00 Uhr). Im Westen des Sint-Baafsplein reckt sich der im 14. Jh. begonnene, gut 90 m hohe **Belfried** (tgl. 10.00 bis 18.00 Uhr), in dessen obersten Etagen die Mechanik der Turmuhr und das Glockenspiel zu bewundern sind. Woll- und Tuchhändler versammelten sich einst in der benachbarten **Lakenhalle** (15. Jh.); an der nächsten Straßenecke überrascht das **Stadhuis** (Rathaus) mit seiner Architektur: Gotik an der Seite der Hoogpoort, Renaissance an der Seite des Botermarkt. Die **Sint-Niklaaskerk** (St. Nikolaus) steht im historischen Handelszentrum der Stadt, in dessen Klein-Turkije-Gässchen auch Albrecht Dürer einst wohnte. An den Kais des historischen Leiehafens, **Korenlei** und **Graslei,** reihen sich Zunfthäuser, das früheste (Spijker) aus dem 13. Jh. Von der **Sint-Michielsbrug** zwischen beiden Uferzeilen bietet sich ein schönes Panorama: Über den mittelalterlichen Häusern ragen die drei berühmten Türme von Gent empor (St. Bavo, Belfried, St. Niko-

laus) und der **Gravensteen** (Sint-Veerleplein, April–Okt. tgl. 10.00–18.00, Nov.–März 9.00 bis 17.00 Uhr, https://gravensteen.stad.gent). Die trutzige Wasserburg (12. Jh.) der Grafen von Flandern birgt u. a. das Gerichtsmuseum; an ihrer Rückseite lässt sich noch eines der einst mehr als 400 Genter Häuser mit Holzfassaden entdecken. Das Areal zu Füßen des Gravensteen war einst Markt- und Hinrichtungsplatz; das Barockgebäude an seiner Westseite, den **Alten Fischmarkt,** zieren über dem Portal Neptun sowie eine Männerfigur (Allegorie für den Fluss Schelde) und eine dralle weibliche Skulptur (Fluss Leie). Schöne Häuser vorwiegend des 15./16. und 17. Jh.s säumen die **Kraanlei;** die Nr. 65 umfasst gleich ein ganzes Ensemble: das **Huis van Alijn,** 1363 als Kinderhospital in privater Stiftung gegründet und heute Museum (Mo./Di., Do./Fr. 9.00–17.00, Sa./So. 10.00–18.00 Uhr, http://huisvanalijn.be). Das hier beginnende **Patershol- Viertel** bewohnten im 15. Jh. vorwiegend Ratsmitglieder. Zentrum des politischen Lebens im mittelalterlichen Gent war der nahe **Vrijdagmarkt** (Freitagsmarkt), um den Zunfthäuser stehen, auch das Gebäude des Sozialistischen Arbeitervereins Ons Huis (um 1900). Östlich des Ganda-Hafens befindet sich die **Sint-Baafsabdij,** die Karl V. durch eine Zwingburg ersetzen ließ. In Gents Süden liegt das **Voorhuis** (Kulturzentrum). Unverändert seit dem 17. Jh. blieb der **Kleine Begijnhof** (13. Jh.) in der Violettestraat.

MUSEEN

In einer historischen Tuchfabrik untergebracht, erhellt das **Museum voor Industriele Archeologie en Textiel MIAT** (Minnemeers 9, www.miat.gent.be) die Geschichte der Weberei und Spinnerei in Gent. Bis zu solchen von Matteo Thun reichen die Objekte des **Designmuseums** (Breydelstraat, www.designmuseum-gent.be). Das **Genter Stadsmuseum STAM** (Godshuizenlaan 2, www.stamgent.be) umfasst die ehemalige Zisterzienserinnen-Abtei Bijloke (14. Jh.) mit einem der schönsten mittelalterlichen Refektorien Europas, das Kloster aus dem 17. Jh. sowie einen Neubau. Bereits 1798 gegründet, inzwischen restauriert, versammelt das **Museum foor Schone Kunsten** (Citadelpark, www.mskgent.be) u. a. Werke von Rubens, van Dyck, von belgischen Künstlern des 19. und 20. Jh.s sowie Wandteppiche. Zu den besten Adressen für zeitgenössische Kunst in Europa zählt das **Stedelijk Museum voor actuele Kunst S.M.A.K.** (Citadelpark, http://smak.be; alle Museen werktags außer Mi. 9.30 bis 17.00./17.30, Sa./So. 10.00–18.00 Uhr).

VERANSTALTUNGEN

Musiker aus aller Welt gastieren beim sommerlichen **Gent Jazz Festival** (https://gentjazz.com). Beim **Lichtfestival Gent** erhellen Lichtskulpturen und Installationen (inter) nationaler Künstler die winterliche Stadt auf besondere Weise (https://lichtfestival.stad.gent). Ein grandioses Open-Air sind die **Gents Feesten** im Juli (https://gentsefeesten.stad.gent).

HOTEL

Drei elegante Suiten umfasst das Bed & Breakfast € € € **De Waterzooi** (Sint-Veerleplein 2, www.dewaterzooi.be).

EINKAUFEN

Seit mehreren Generationen nach dem gleichen Rezept hergestellt wird der würzige **Senf** von Tierenteyn (Groentenmarkt 3). **Genter „Wipperkes"** und „**Heilige Mägde"** gibt es bei Temmerman (Kraanlei 79).

UMGEBUNG

Zweimal im Jahr öffnet der ab 1873 angelegte private **Garten von Beervelde** (Beervelde-Dorp 75, www.parkvanbeervelde.be, Fr.–So. 10.00 –18.00 Uhr an je einem Wochenende Anfang Mai und Anfang Oktober). Etwa 8 km südwestlich vom Stadtzentrum lugen aus der lichten Waldlandschaft die Villen von **Sint-Martens-Latem** heraus. Weitere 6,5 km in Richtung **Deinze** überrascht das vom Wasser umspülte **Kasteel Ooidonk** (1595). Für seine Silbersammlung ist das **Kasteel van Laarne** (11 km östl. von Gent) berühmt.

Genter Ansichten: der mächtige Gravensteen, die Sint-Niklaaskerk – ein Beispiel der Scheldegotik – und die Kraanlei.

INFORMATION

Auskunftsstelle Visit Gent/Oude Vismijn, Sint-Veerleplein 5, 9000 Gent, Tel. 09 266 56 60, www.visitgent.be

② Sint-Niklaas

Das Marktzentrum des Waaslandes punktet mit architektonischen Superlativen und als Heimat des Kartografen Gerhard Mercator.

SEHENSWERT

Mit über drei Hektar ist der **Grote Markt** von St. Niklaas der größte Marktplatz Belgiens. Die ältesten Gebäude stammen aus dem 17. Jh.: das Gericht (Landhuis), die im Renaissancestil erbaute Cipierage, das ehemalige Gefängnis und das Pfarrhaus (Parochiehuis). Hauptkirche ist die **St. Niklaaskerk** (13. Jh.).

MUSEEN

Zur Sammlung des weltweit einzigartigen **Mercator-Museums** (Zamanstraat 49D, Eingang via Museumspark) gehört u. a. der originale Erd- und Himmels-Globus des 1512 geborenen Wissenschaftlers. Mehr als 100 000 Buchzeichen-Exponate umfasst das Internationale Exlibris-Zentrum im **SteM-Komplex** (Zwijgershoek 14; http://musea.sint-niklaas.be, beide Di.–Sa. 14.00–17.00, So. 11.00–17.00 Uhr).

INFORMATION

Toerisme Sint-Niklaas/Toerisme Waasland, Grote Markt 45, 9100 Saint-Niklaas, Tel. 03 778 35 00 und 03 778 35 06, www.sint-niklaas.be, www.toerismewaasland.be

③ Aalst

Die Geschichte der historischen Tuchmacherstadt beginnt zur Römerzeit. Ihre Blütezeit hatte sie im 15. Jh. Heute ist Aalst noch immer ein Zentrum der Textilindustrie.

SEHENSWERT

Den zentralen **Groten Markt** in der Altstadt prägt das **Schepenhuis** (Anf. 13 Jh.). Mit dem **Belfried** (1460), der ein Glockenspiel birgt, zählt es zum UNESCO-Welterbe.

MUSEUM

Im Gebäude des ehemaligen Hospitals (ab 1243) ist inzwischen das stadtgeschichtliche **'t Gasthuys – Stedelijk Museum** untergebracht (Oude Vismarkt 13, Di.–Fr. 10.00–17.00, Sa./So. 10.00–18.00 Uhr).

UMGEBUNG

An der Mündung der Dender in die Schelde wartet **Dendermonde** (13 km nördl.) mit zwei UNESCO-Stätten auf: dem Belfried am Rathaus und dem Sint-Alexiusbegijnhof (1288) mit gut 60 Gebäuden. Das Vleeshuis, einst Fleischhalle am Marktplatz, dient nun als Museums-Domizil. In der Onze-Lieve-Vrouwkerk (Liebfrauenkirche) hängt van Dycks Gemälde „Christus am Kreuz"; auf dem Justizpalast thront das Wahrzeichen der Stadt, der Ross Bayard (www.dendermonde.be). Gut 20 km südwestlich von Aalst überrascht **Geraardsbergen,** älteste Stadt Flanderns (1068), mit einem Manneken Pis (1455), das älter ist als jenes von Brüssel. Vier Museen (Tabak, Zigarren, Streichholz, Chantillyspitze) verweisen auf die technische und handwerkliche Tradition des Ortes.

INFORMATION

Dienst Toerisme, Hopmarkt 51, 9300 Aalst, Tel. 05 372 38 80

»Ich mag ... leicht welliges Terrain, Anstiege, in die man seine Kraft hineinlegt, ohne wesentlich an Tempo einzubüßen ...«

Fournel: Anquetil – Mit Leib und Seele

❹ Oudenaarde

Das „Juwel der Flämischen Ardennen" funkelt mit gotischen Bauten am Scheldeufer. Der Maler Adriaen Brouwer wurde im 17. Jh. in dem Städtchen geboren, das bekannt für sein dunkles Bier ist.

SEHENSWERT

Hendrik van Pede gestaltete das prächtige **Stadhuis** (1527–1537) am Markt in Brabanter Gotik. Ebenfalls am Grote Markt stehen **Sint-Walburgakerk** (12.–15. Jh.) und **Tuchhalle** (13. Jh.). Hinter der Kirche erheben sich das **Bischofspalais** (17./18. Jh.) und das **Liebfrauenspital** von 1382. In Richtung Scheldeufer gelangt man zum mittelalterlichen **Begijnhof**.

MUSEUM/ERLEBEN

Das **Museum Oudenaarde en de Vlaamse Ardennen (MOU)** im Stadhuis erzählt mit Videos und Exponaten die Geschichte der Region, auch anhand einer Kollektion lokaler Wandteppiche (www.mou-oudenaarde.be, Di. bis Fr. 9.30–17.30, Sa./So. 10.00–17.30, Okt. bis Feb. Di.–Fr. 9.30–17.00, Sa./So. 14.00–17.00 Uhr). Auf den Spuren von Radfahrerlegende Eddy Merckx – im Sattel eines computergesteuerten Fahrrads – kann man hier, im **Centrum Ronde van Vlaanderen CRVV** TOPZIEL, interaktiv als „Champion" antreten und sich im Shop auch mit Team-T-Shirts einkleiden (Markt 43, www.crvv.be, tgl. 10.00–18.00 Uhr).

UMGEBUNG

Ronse (ca. 14 km südl.) bietet außer der Sint-Hermeskerk zwei Museen und ein Haus im Jugendstil von Victor Horta.

INFORMATION

Dienst Toerisme,
Stadhuis, Markt 1, 9700 Oudenaarde,
Tel. 05 5 31 72 51, www.oudenaarde.be

Tipp

Die Riesen von Flandern

. . . .

Die UNESCO hat Belgiens Prozessionen der Riesen und Drachen als Kulturerbe anerkannt. Allein in Flandern gibt es mehr als 17 000 der oft bis zehn Meter hohen Pappmaschee-Puppen. Zu den ältesten von ihnen gehört „het Ros Beiaard" (1462) von Dendermonde. Alle zehn Jahre findet zu Ehren dieses gigantischen Pferds ein Umzug statt (nächster Termin: 2020). Dendermonde hat aber noch weitere Riesen aufzuweisen, z. B. „Mars" und „Goliath". Sie gastieren auch bei anderen Umzügen, so beim Dendermonder Katuit (letzter Do. im Aug.) oder in De Haan (Ende Juli).

Genießen   Erleben   Erfahren

DuMont Aktiv

Aufs Wasser!

In Gent muss man Boot fahren. Die Stadt am Zusammenfluss von Leie und Schelde bietet eine Fülle an Möglichkeiten, sie vom Wasser aus zu erkunden: im handgeruderten hölzernen Kahn, auf modernen Ausflugsschiffen – oder gar selbst am Steuer.

Gent gilt als vegetarische Hauptstadt Belgiens. Was das mit einer Bootstour zu tun hat? Nun, Ip Man, der Betreiber eines der ersten vegetarischen Restaurants, hatte vor geraumer Zeit den Wunsch, seine Ansprüche an Qualität und Ästhetik auch außerhalb des kulinarischen Bereichs zu verwirklichen. So initiierte der Geschäftsmann den (Nach-)Bau traditioneller Ruderkähne, wie sie einst auf Gents Gewässern üblich waren. Jeweils 12 Personen fassen die hellen hölzernen Barken, die an der Zuivelbrücke vertäut liegen, gleich hinter dem Restaurant Panda, das vor allem frische vegetarische Gerichte serviert.

Sechs Passagiere sind wir an diesem Nachmittag; nachdem Getränke und eine kleine Stärkung für jeden an Bord verstaut sind, geht es los: die Kraanlei entlang, zur Korenlei und unter der Michaelisbrücke durch; am Gravensteen vorbei, unter dem niedrigen Gewölbe der Lievebrug hindurch und hinein in den stillen Kinderrechtenlein.

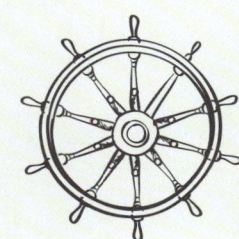

Platsch, platsch, platsch – rhythmisch taucht der Bootsführer das lange Ruder ein; wie die flämische Ausgabe eines Gondoliere kommt er uns vor. Zwei Stunden insgesamt gleiten wir übers Wasser, natürlich mit einer kleinen kulinarischen Pause – unter einer Trauerweide nahe dem Genter Kolosseum.

Weitere Informationen

Holzkähne: Holzkahntouren sind nur mit Voranmeldung möglich (22,50 Euro p. P, mind. 6 Pers. bzw. 135 Euro für 2 ¼ Std. inkl. Snack) Viadagio v.z.w., Oudburg 38, 9000 Gent, Tel. 09 225 07 86, www.viadagio.be

Jachtcharter ohne Führerschein bietet Minervaboten an, 2 Std. für 60 Euro (max. 4 Erw. und 1 Kind bis 12 Jahre), nur Barzahlung Hafen: Coupure rechts/Lindelei 2a, Tel. 09 233 79 17, www.minervaboten.be

Traditionelle Bootstouren auch bei www.debootjesvangent.be und http://rederijdegentenaer.be

Fahrvergnügen mit Paddel oder Motor

Vom Minnewater zu den Seebädern

Westflandern bedeutet in erster Linie Meeresluft: Kilometerlange Strände locken zwischen den historischen Badeorten Knokke und De Panne; herrliche Dünen- und Polderlandschaften laden ein zum Spazieren, Wandern, Radfahren oder Reiten. Schon James Ensor, der Maskenmaler aus Oostende, erlag dem Zauber der flämischen Küste. Und Brügges mittelalterlicher Charme überzeugte sogar die UNESCO: Sie erklärte den Kern von Flanderns einstiger Metropole zum Weltkulturerbe.

Die fantasievollen Drachen setzen in Oostende bunte Tupfen zum Beige des Sandstrands und dem Blau des Meeres.

Große Fußgruppen samt Prunkwagen sowie Laiendarsteller bringen bei der Blutprozession in Brügge die Heilsgeschichte nahe, ...

... bei der der festlich Gewandete die Reliquie mit den Blutstropfen trägt und Fahnenschwinger ihn feierlich begleiten.

Brügge gelangte durch Handel und die Produktion von Luxusgütern zu Wohlstand,
der Grote Markt bildet damals wie heute das Zentrum der Stadt.

> „Viele Norddeutsche fühlen sich hingezogen zu den alten flandrischen Handelsstädten wie Gent und Brügge."
>
> Helmut Schmidt

Seine Gäste empfängt Brügge am Wochenende meist mit bunter Lebendigkeit. Denn es findet entweder der „Rommelmarkt" am Dijver oder Floh- und Antiquitäten-Markt auf dem Zand statt, dem großen Platz zu Füßen des lange Zeit umstrittenen modernen Konzerthallen-Kolosses. Ein pittoreskes Flohmarkt-Durcheinander bildet dann das Geleit ins Herz einer der schönsten mittelalterlichen Städte Europas.

Um das Jahr 700 am Naturhafen des Zwin gegründet, war Brügge bereits im 14. Jahrhundert eine der bedeutendsten Metropolen Nordeuropas. Zum Ausgang des Mittelalters aber versandete die Schifffahrtsstraße zur Nordsee; die Handelsströme flossen nun an Brügge vorbei nach Antwerpen oder Gent. Die Häuser der Stadt jedoch blieben bestehen, und so kann sich das „Venedig des Nordens" heute eines geschlossenen Ensembles mit Bauten aus dem 11. bis 16. Jahrhundert rühmen.

Filigrane Fadenkunst

Einem armen flämischen Mädchen namens Serena, so erzählt man sich in Brügge, sei die Erfindung der Klöppelspitze zu verdanken: der Zufall habe ihre Spinnfäden im Schoß zu einem hübschen Muster geformt. Doch bis heute ist nicht geklärt, ob die filigrane Kunst tatsächlich in Flandern oder eher in Norditalien entstand. Zum ersten Mal abgebildet wurde ein Stück Spitze (als Verzierung eines priesterlichen Chorhemdes) jedenfalls auf einem Gemälde des in Brügge lebenden Malers Hans Memling aus dem Jahre 1485. Und bereits die Mädchen und Frauen des 1245 in der Hansestadt gegründeten Beginenhofs hatten sich neben der Erziehung junger Mädchen und der Krankenpflege auch dem Spitzenklöppeln verschrieben.

Aber nicht nur die frommen Frauen ließen die Klöppel tanzen; insgesamt arbeiteten zeitweise bis zu 8000 Klöpplerinnen in Brügge. Geschichte und Aktualität des filigranen Handwerks erhellt das Kantcentrum (Spitzenmuseum) in der renovierten ehemaligen Klöppelschule der Apostelschwestern nahe der Jerusalemkirche.

Stiftshäuser und andere Wohltaten

„Godshuis" heißen sie auf Flämisch und mehr als 200 von ihnen zählte Brügge einst. Erbaut wurden die winzigen Wohnhöfe, oft mit einem Gartenkarree in der Mitte, ursprünglich von Handwerksgilden für ihre Mitglieder und deren Witwen oder von begüterten Bürgern aus Mildtätigkeit für bedürftige alte Leute. Jeweils vier Parteien lebten hier in einem eigenen Häuschen. Sie mussten

Facettenreiches Brügge: Reich verziert ist das Rathaus am Burgplatz, die Stadtkanzlei vereint Spätgotik und Renaissance (ganz oben); am Markt der mächtige Belfried (rechts). Dem Trubel entrückt sind der Beginenhof (oben Mitte) und auch die Stifterhäuser (oben).

Was bietet Brügge doch für schöne Bilder, wenn man per Boot über die „Reien", die Grachten, fährt! Der Rozenhoedkaai gehört sicher zu den malerischsten Orten, die man auf diese Weise ansteuern kann.

keine Miete zahlen, doch waren sie gehalten, sich jeden Abend in der Kapelle innerhalb der Hofmauern zu versammeln und für den Stifter ihres Häuschens zu beten. Die ältesten Stiftungshöfe stammen aus dem 14. Jahrhundert. Viele von ihnen wurden inzwischen restauriert und modernisiert; die meisten sind wie einst von Senioren bewohnt.

Zu den schönsten dieser architektonischen Komplexe zählen De Pelikaan in der Groene Rei, Zorghe und Schippers in der Stijn Streuvelsstraat sowie De Meulenaere im Nieuwe Gentweg. Eine besondere Rolle unter den rund 50 Stiftungshaus-Erbauern der Stadt nimmt zweifelsohne Minheer De Vos ein. 1713 ließ er sein inzwischen restauriertes und an eine einzige Familie vergebenes Armenwohnensemble in der Noordstraat errichten. Seine kalkulierte Wohltätigkeit kannte selbst im Tod keine Grenzen: für die Familien seines Godshuis waren an der Kirchhofmauer von Liebfrauen Plätze für die Beisetzung reserviert, quasi zu Füßen der De-Vos-Gräber.

Masken, Pferde und Bäume

Pietje de dood, „Pierrot der Tote" – diesen illustrativen Spitznamen hefteten die braven Bürger von Oostende jenem Eigenbrötler aus ihren Reihen an, der später als Maler der Masken und dem Symbolismus nahestehender Künstler in die Kunstgeschichte eingehen sollte. James Ensor entwickelte schon früh eine Passion fürs Bizarre, einen Hang zum Alptraumhaften.

Sein Werk bevölkern Spukgestalten, Skelette, Dämonen, Fratzen. Und auch er selbst liebte merkwürdige Verkleidungen. Anno 1919, im Alter von fast 60 Jahren, nahm der Künstler im Haus der Kuriositäten-Handlung, die seine Mutter in der Vlaanderenstraat No. 27 betrieben hatte, sein letztes Quartier. Den Laden im Erdgeschoss beließ er; sein Atelier richtete er in der ersten Etage ein. 1949 verstarb der Kunstrebell in Oostende.

Erbaut wurden die winzigen Wohnhöfe aus Mildtätigkeit.

Freiheitskämpfer

„Im Maimond, als der Hagedorn seine feinen Blüten entfaltete, wurde zu Damme im Flandernland Ulenspiegel, der Sohn des Klaas, geboren." Mit diesen Worten beginnt Charles de Coster seine ab 1856 verfasste Interpretation der Legende von Till Eulenspiegel. Der in München geborene, später in Brüssel lebende Autor schrieb in einem archaisierenden, derben Französisch und schilderte in kraftvoll sinnlichen Bildern dabei das alte Flandern. Er machte aus dem Narren, der seinen Mitmenschen den Spiegel der Torheit vorhält, einen gewitzten flandrischen Freiheitskämpfer, der sich gegen die Tyrannei der Spanier und des Infanten auflehnt. Mit seinem Werk rückte De Coster das flämische Städtchen Damme ins helle Licht der Weltliteratur; es gibt dort inzwischen sogar ein Uilenspiegelmuseum. Der „Ulenspiegel" wurde bald zum belgischen Nationalepos und begründete die moderne französischsprachige Literatur in Belgien. Allerdings saß De Coster in

Sachen Inspiration für sein Werk selbst einem Streich auf. Denn die Inschrift „Hier ruht Thyl Uilenspiegel", die man im 17. Jahrhundert auf einem verwitterten Grabstein des Dammer Friedhofs gefunden hatte, stammte nicht von einem Steinmetz. Vielmehr hatte ein anonymer Zeitgenosse damit die letzte Ruhestätte des flämischen Dichters Jacob van Maerlant entehrt.

Schnurgerade führt die Allee durch die Polderlandschaft bei Damme,
ideal, um den Gedanken beim Radfahren freien Lauf zu lassen.

Das Naturreservat Het Zwin, das hinter Knokke beginnt, bietet Störchen
und vielen anderen Vogelarten geschützten Lebensraum.

Der Kanal verbindet Brügge mit Damme, so lässt sich die Strecke
per Boot überwinden oder per Rad am Uferdeich entlang.

In Flanders Fields ...

Wo heute alljährlich im Sommer Klatschmohnfelder blühen und in ehemaligen Granattrichtern das Regenwasser glänzende Tümpel schafft, tränkte einst das Blut unzähliger Tote die Erde. Flandern war Schauplatz einiger der furchtbarsten Schlachten des Ersten Weltkriegs (Ieper; Langemarck, Menen, Paschendaele). Hunderttausende von Männern verloren hier ihr Leben. Deutsche wie britische Soldatenfriedhöfe erinnern bis heute an die Schrecknisse der „Flanders Fields". Das Gedicht mit diesem Titel von John McCrae, Offizier des medizinischen Korps der kanadischen Armee, setzte ihnen ein eindrucksvolles Denkmal. In Vladslo steht auf dem Soldatenfriedhof die Skulptur „Trauerndes

Albert Einstein logierte vor seinem Aufbruch nach Amerika ein halbes Jahr im Belle-Époque-Bad De Haan.

Elternpaar", das an Verlust und Trostlosigkeit durch die sinnlosen Kämpfe erinnert. Geschaffen hat sie Käthe Kollwitz. Die Plastik zeigt die Künstlerin selbst mit ihrem Gatten, beide in Kummer um den Sohn Peter, der auf einem Schlachtfeld in der Nähe gefallen war.

2018, anlässlich des 100. Jahrestag des Kriegsendes, war südlich von Ypern eine Land Art Installation aus 600.000 Lehmskulpturen zu sehen: eine für jeden Toten auf den Flandern Fields. Tausende Flamen hatten sie in den vier Jahren zuvor gefertigt.

Einstein am Meer

Große Namen zieren nicht nur auf den Straßenschildern das Belle-Époque-Bad De Haan. In der Shakespearelaan Nr. 5 etwa kündet an der Fassade des Anwesens La Savoyarde eine Plakette davon, dass hier im Jahre 1933 sechs Monate lang Albert Einstein logierte. Denn auf

Ein Sommertag in Ieper – vor dem schönen Rathaus am Marktplatz erklingt ein Musikkonzert. Im Gebäude erinnert ein Museum sehr persönlich an das Geschehen des Ersten Weltkriegs.

Mit Europa verbunden präsentiert sich das Rathaus von Diksmuide. Der Ort war im Ersten Weltkrieg in Schutt und Asche gelegt worden.

„Wir sind dankbar dafür, dass wir hier in Europa nun schon so lange in Frieden miteinander leben können."

Joachim Gauck, Rede zur Gedenkveranstaltung „100 Jahre Erster Weltkrieg" in Lüttich

Lebhaftes Strandleben in Oostende: Jeder schützt sich – und vielleicht auch den Strandnachbarn – vor Wind und Sonne, so gut er kann.

Nieuwpoort (links) ist durch seinen Fischerhafen bekannt, wird aber auch gerne von Jachten angefahren, die im Hafen Platz finden. Beschaulicher geht es da bei den Krabbenfischern (oben) zu, denen man bisweilen bei Koksijde/Oostduinkerke begegnet.

Die Dünenlandschaft bei De Panne, das ganz im Westen Flanderns liegt, ist äußerst weitläufig und lädt zu langen Spaziergängen ein.

Special

Kusttram

Mit der Straßenbahn durch die Dünen

Die flämische Nordseeküste lässt sich auf Schienen erkunden: mit der Kusttram.

Die ersten Gleise für die ungewöhnliche Straßenbahn wurden bereits 1885 verlegt – zwischen Oostende und Nieuwpoort. Als zweiter Abschnitt konnte ab 1890 die Strecke Oostende–Knokke befahren werden. Mit der Elektrifizierung wurde 1912 begonnen, später wurde der Abschnitt Nieuwpoort–De Panne-Esplanade gebaut. Der jüngste Abschnitt von De Panne-Esplanade zum Bahnhof in Adinkerke an der Grenze zu Frankreich wurde erst 1996 eröffnet.

Mit einer Länge von 68 Kilometern und 70 Haltestellen – einige davon noch in Jugendstil-Architektur – ist die belgische Kusttram die längste Straßenbahnlinie der Welt. Knapp 2,5 Stunden braucht sie heute für die gesamte Küstenstrecke. Die Fahrt führt

Reizvoll: mit der Tram die Küste entlang

vorbei an Grasdünen wie an Polderland, man sieht Kirchtürme und Häuser vorüberziehen. Der schönste Streckenabschnitt liegt zwischen den Stationen Middelkerke und Rennbahn Oostende: Hier verlaufen die Gleise unmittelbar am Meer entlang. Im Sommer, wenn zahlreiche Touristen an der Küste sind, verkehrt die Kusttram teils im Zehn-Minuten-Takt.

dem Rückweg von einer Seminarreise in die Vereinigten Staaten erfuhr der jüdische Physiker, dass die Nazis seinen gesamten Besitz in Berlin beschlagnahmt hatten. „Am Dienstag, den 28. März, gehe ich mit Elsa … in Antwerpen von Bord. Wir haben sechzehn Koffer und meine Violine dabei. Ich beschließe, nicht mehr nach Deutschland zurückzukehren. Die ersten Nächte logieren wir bei Professor de Groodt … Drei Tage später reisen wir mit dem Zug nach Oostende, wo wir die Tram nehmen weiter nach De Haan" – so erinnert sich der Gelehrte. Mit dem Maler und Zeichner Alfons Blomme, den er im Küstenort kennenlernte, entwickelte sich eine besondere Freundschaft und der Physiker stand dem Künstler sogar Modell. Über den Verlauf der Monate hielt Einstein Vorträge in Brüssel, Oxford und Oostende, gab ein Geigenkonzert im Kasino von Oostende und besuchte Freunde wie den Maler James Ensor. Der Mord an Professor Theodor Lessing durch die Nazis am 31. August 1933 überzeugte Einstein schließlich von der großen Gefahr, in der er sich zweifellos befand. „Am Samstag den 9. September verließ ich De Haan incognito, in Begleitung des Reporters Murphy." Am nächsten Tag ging es via Oostende nach England, später mit Elsa auf ein Schiff mit Ziel Amerika.

BELGISCHE PRALINEN

Schokolade mit luftig-leichtem Innenleben

Ein Franzose soll verantwortlich für ihren Namen sein; ein Schweizer machte sie in ihrer heutigen Form berühmt. Wie dem auch sei: Für Flamen und Wallonen ist die Praline jedenfalls eine Belgierin.

Flamen und Wallonen kennen die Praline vorwiegend als „chocolat", im flämischen Teil als „Chocolaatje". Rund 500 Chocolatiers beziehungsweise Chocolademakers sind im belgischen Verband der Schokoladenhersteller registriert; gut 2000 Schokogeschäfte zählt das Land und mehrere Schokoladenmuseen.

Und sogar auf die Bühne haben es die belgischen Pralinen geschafft: im Brüsseler Théâtre Marni inszenierte Philippe Blasband sein Stück „Les mangeuses de chocolat". Seine „Schokoladen-Esserinnen" seien, so Blasband, eine „süße Liebeserklärung" an die Schokoladenlust der Belgier. Denn glaubt man den Statistikern, essen die Bewohner des kleinen Landes täglich „chocolats" – zwölf Kilo pro Kopf (oder besser: Mund) im Jahr. Damit sind sie Weltmeister bei diesem sinnlichen Vergnügen.

Köstliches aus Apothekerhand

Charakteristisch für die traditionellen belgischen Pralinen sind ihre weichen, luftigen Füllungen – aus leicht aufgeschlagener Crème fraîche zum Beispiel, aus Crème au beurre, Sabayon, Trüffel- oder Nusspasten.

Jean Neuhaus, so heißt es, war der Erste, der diese Art von „chocolats" kreierte. Jeans Großvater, gebürtig aus der Schweiz, hatte unter den Arkaden der Königlichen Saint-Hubert-Galerie in Brüssel bereits 1857 eine Confiserie pharmaceutique eröffnet, in der er selbst gemachte Hustenbonbons, Lakritze und bittere Schoko-Riegel vertrieb. Sohn Frédéric ersetzt die medizinischen Produkte dann bald durch Fruchtgelees, Vanilleschokolade und jenes Konfekt aus gebranntem Zucker und Mandeln, das man (nach dem französischen Marschall du Plessis-Praslin) „prasline" nennt. Ab 1895 firmiert Frédéric Neuhaus unter Confiseur – Chocolatier. Nach seinem Tod übernimmt Sprössling Jean, der eigentlich Ingenieur hatte werden wollen, 1912 das Unternehmen und tüftelt in den ehemaligen Apothekenkellern, bis es ihm gelingt, gefülltes Schokoladenkonfekt herzustellen. Unter dem Namen „Praline" bringt er es auf den Markt. Die Brüsseler sind entzückt.

Zugreifen erwünscht

Der Trend zu Neuhaus' innovativer Süßigkeit bleibt auch den Herren Henri Wittamer und Leonidas Kestekidis nicht verborgen. Wittamer, gebürtig aus Arles mit österreichischen Ahnen, betreibt seit 1910 am vornehmen Grand Sablon eine Patisserie. Neben Kuchen und Torten kreiert er bald auch Pralinen.

Sein griechischer Kollege hatte schon um die Jahrhundertwende in den Vereinigten Staaten angefangen, „chocolats" herzustellen. Nach seiner Heirat festigt er seinen Wohnsitz

Der „Shock-o-latier" Dominique Persoone (oben) aus Brügge begeistert mit ungewöhnlichen Kreationen, wie Mandel-Pralinen mit frittierten Zwiebeln oder knusprigem Speck und Quinoa. Grundlage all der Köstlichkeiten ist und bleibt die Kakaobohne (unten).

Frédéric Neuhaus ersetzt die medizinischen Produkte durch Fruchtgelees, Vanilleschokolade und Konfekt aus Zucker und Mandeln.

Butter Toffees, weißes und dunkles Nougat – wer wird da schon mit mageren 100 Gramm den Laden verlassen wollen? Die Preise zumindest beziehen sich gleich aufs halbe Pfund.

Fakten

. . . .

Museen
Schokoladenmuseum – Musée du Cacao et du Chocolat
Rue de la Tête d'Or 9/11, Brüssel, Tel. 02 5 14 20 48,
www.mucc.be, Di.–So. 10.00–16.30 Uhr

Choco-Story
Wijnzakstraat 2 (Sint-Jansplein), Brügge, Tel. 050 61 22 37,
www.choco-story.be, tgl. 10.00–17.00 Uhr

Bekannte Chocolatiers
In Brüssel:
Marcolini, Minimenstraat 1, https://eu.marcolini.com
Kultstätte für die Liebhaber feiner, dunkler Schokoladen

Mary, Koningsstraat/Rue Royale 73, www.mary.be
Handgemachte Pralinen vom Hoflieferanten

In Antwerpen:
Burie, Nationalestraat 42, http://chocolatierburie.be
Schoko-Diamanten und andere Pralinen-Preziosen sowie ein nettes Café.

Watté, Steenhouwersvest 30, www.watte.be
Im „Chocolade-Café" trifft Kakao- auf Kaffeebohne.

In Gent:
Yuzu, Walpoortstraat 11A
Pralinen im japanischen Stil, auch mit Senf, Basilikum, Bier

In Brügge:
The Chocolate Line, Simon Stevinplein 19
www.thechocolateline.be

in Belgien und entwickelt in einer Werkstatt am Marché des Grains in Brüssel neue Pralinenarten. Sein erster Verkaufsraum in der Avenue Anspach besitzt ein Guillotine-Fenster: Die Pralinen sind auf dem Fensterbrett drapiert und die Kunden müssen gewissermaßen nur noch ihre Hand nach den Köstlichkeiten ausstrecken. Der Laden im Leonidas-Stil ist geboren.

In den 1920er-Jahren steigt auch Familie Draps ins belgische Pralinengeschäft ein. Bis zum Krieg verkauft sie das in ihrer Brüsseler Fabrik produzierte, mit Cremes und Sahnemischungen gefüllte Schokoladenkonfekt unter dem Familiennamen. Danach entschließt sich Joseph Draps, der seinen Vater an der Spitze des Unternehmens inzwischen abgelöst hat, seine Kreationen unter einem klangvolleren Namen zu vertreiben: Godiva – nach jener englischen Lady, die der Legende nach anno 1057 nur mit ihren langen blonden Locken bekleidet durch die Straßen von Coventry ritt. Mit dieser kühnen Tat brachte die Herzogin ihren Mann davon ab, seinen Untertanen eine neue Steuer abzupressen. Das Bildnis der Lady ziert heute das Wappen der Firma.

Das Gros der Familienbetriebe ist freilich inzwischen Teil großer Konzerne. Den Belgier ficht das offenbar kaum an, er kauft seine Pralinen am liebsten bei „seinem" Chocolatier.

Was sich hinter den verführerisch
großen Pralinenschachteln,
den feinen Verpackungen
und auffallenden Kartons im
Schokoladengeschäft in Brüssel
alles verbirgt? Auf jeden Fall
Köstliches in allen Varianten ...

Strandspaß und Mittelaltercharme

Breite Sandstrände, die Noblesse historischer Seebäder und die Lebendigkeit zeitgenössischer Freizeitofferten – an Flanderns Küste herrscht eine charmante Mischung von Einst und Jetzt. Gleiches gilt für das im Kern mittelalterliche Brügge, das jährlich Millionen Besucher anzieht.

❶ Brügge

In **Brügge TOPZIEL**, Flanderns einstiger Metropole, ist der mittelalterliche Stadtkern mit seinem Labyrinth aus Gassen, Höfen und Grachten intakt und belebt. Oft wird es eng im „Venedig des Nordens".

SEHENSWERT

Brügge quasi durch die Hintertür, über das **Minnewater,** den idyllischen „Liebeswasser"-Teich, zu betreten ist keine schlechte Wahl. So trifft man als Erstes auf den – heute von Benediktinerinnen bewohnten – **Begijnhof** (gestiftet 1245) und die gotische **Onze-Lieve-Vrouwekerk** (Liebfrauenkirche). Die Steenstraat mit ihren historischen Gildehaus-Fassaden führt dann auf den von Terrassencafés flankierten **Markt** mit den mittelalterlichen Hallen und dem 88 m hohen **Belfried,** einem der schönsten Glockentürme des Landes. Um den

Mit dem Boot unter Brügges Brücken hindurchfahren oder abends am wunderschönen Rozenhoedkaai (rechts) vorbei – Brügge bietet unendlich schöne Fotomotive ... auch natürlich bei der Blutsprozession mit ihren „bewehrten" Soldaten.

benachbarten kleinen Platz namens **Burg** – hier stand einst die Residenz der Grafen von Flandern – drängen sich u. a. das gotische **Stadthuis,** die ehemalige **Domprobstei** (17. Jh.) und die **Stadtkanzlei** »Civiele Griffie«, ein Meisterwerk aus Gotik und Renaissance. In der nach Restaurierungsarbeiten wieder in früherer Helligkeit erstrahlenden romanisch-gotischen **Heiligbloedbasiliek** (Heiligblutbasilika) neben dem Rathaus befindet sich ein Reliquiar mit dem Blut Christi. Durch einen Renaissancebogen gelangt man zum **Vismarkt** (Fischmarkt). In entgegengesetzter Richtung kommt man zum **Jan van Eyckplein.** Interessant sind hier das Alte Zollhaus und das Huis de Beurse.

MUSEEN

Im Sint-Jansspitaal (12. Jh.) ist das **Hans-Memling-Museum** untergebracht mit Hauptwerken des Wahl-Brüggers aus dem 15. Jh. (Mariastraat 38, Di.–So. 9.30–17.00 Uhr). Meisterwerke von Jan van Eyck sind der herausragende Schatz des **Groeningemuseum** (Dijver 12, Di.–So. 9.30–17.00 Uhr). In einer ehem. Klöppelschule

ist das neue **Kantcentrum** (Spitzenzentrum) mit Schauwerkstatt untergebracht (Balstraat 16, http://kantcentrum.eu, tgl. 9.30–17.00, Vorführungen Mo.–Sa. ab 14.00 Uhr).

AKTIVITÄT

Eine **Grachtenfahrt** gehört zu einem Besuch in Brügge, fünf An- und Ablegestellen haben Ticketverkauf (März–Nov. tgl. 10.00–17.30 Uhr).

VERANSTALTUNG

An Christi Himmelfahrt findet die **Heiligblutprozession** statt; Anfang Juli u. Ende Sept. am t'Zant Flanderns größter Antiquitätenmarkt. Von Mai bis Sept. zieht sich die **Triennale Brügge,** ein Parcours für moderne Kunst (nächster Termin 2021).

INFORMATION

Informationsbüro Markt (Historium)
Markt 1, 8000 Brugge.
Weitere Büros: 't Zand (Concertgebouw), 't Zand 34 und Stationsplain (Bahnhof), https://bezoekers.brugge.be

Tipp

Naturzentrum Zwin

Einst ein bedeutender Meeresarm, der u. a. die Handelsstädte Damme und Brügge miteinander verband, wurde das Gebiet 1952 zum ersten Naturreservat Belgiens erklärt. Es beginnt hinter den Deichen Knokkes. In dem heute wichtigsten Schlick- und Salzwiesengebiet Flanderns nisten heimische Seevögel und es gibt eine Fülle endemischer Tierarten. Bis Mitte 2016 wurde das Reservat neu gestaltet und ein Besucherzentrum gebaut. Man kann „Het zwin" individuell erkunden oder an einer Sonntagswanderung teilnehmen.

HET ZWIN

Graaf Léon Lippensdreef 8, www.zwin.be, tgl. außer Mo. 9.00 bis 16.00, im Sommer bis 17.00 Uhr

② Oostende

„Königin der Seebäder" nannte man **Oostende TOPZIEL** einst; ihr See-, Fähr- und Jachthafen brachte ihr kosmopolitisches Flair.

SEHENSWERT

Schon Belgiens erster König, so heißt es, war Stammgast am Strand von Oostende, wo bereits 1784 eine Badekabine stand. Leopold II. ließ das königliche Chalet dann um 1900 durch Galerien mit der Wellington-Rennbahn verbinden, sodass die vornehmen Gäste wetterunabhängig flanieren konnten. Die **Königlichen Galerien** wurden 1905 vollendet; nebenan entstand der bis heute vom Ambiente der Belle Époque geprägte **Thermenpalast**. Er dient inzwischen als Hotel. Das prägnante **Kursaal-Gebäude** birgt heute Kongress- und Konzertsäle und u. a. eine moderne Fischbrasserie mit herrlicher Aussicht. Prachtvolle Ansichten bieten die Glasfenster der neugotischen **Sint-Petrus-en-Sint-Pauluskerk** mit der Grabstätte der ersten Königin von Belgien. Im **Hafen** liegt der letzte **Islandfischkutter Amandine** als Museumsschiff (Vindictivelaan 35-Z, www.zeilschipmercator.be, Di.–Do., Sa./So. 10.00–17.00 Uhr). Eine nautische Attraktion ist auch das einstige, 2015 überholte **Segel-**

Tipp

Kanalfahrt

· ·

Schneeweiß liegt er am Ufer des Kanals, der kleine Schaufelraddampfer (170 Plätze), für den der engste Mitstreiter des flämischen Till Eulenspiegel, „Lamme Goedzak", Taufpate stand. Eine gute halbe Stunde braucht das Ausflugsschiff für die Fahrt auf dem unter Napoleon 1811 angelegten Kanal zwischen Brügge und Damme.

INFORMATION

April–Ende Sept. tgl. ab Brügge (Noorweegsekaai 31) 12.00, 14.00, 16.00 u. 18.00 Uhr, 8,50 Euro, Hin- und Rückfahrt 11.50 Euro, Kinder 7 Euro bzw. 9.50 Euro.
Reservierungs-Tel. 05 0 28 86 10, www.bootdamme-brugge.be

Untrennbar mit Flandern verbunden: Fahrräder – am Strand von Blankenberge startbereit und in der fröhlich-bunten Variante.

Schulschiff Mercator (Mercatordock, www.zeilschipmercator.be, Jan.–Juni, Sept.–Dez. tgl. 10.00–17.00 Uhr).

MUSEEN

Das **James-Ensor-Haus** im Erdgeschoss birgt Kuriositäten-Vitrinen; das Atelier liegt im ersten Stock (Vlaanderenstraat 27, www.muzee.be/de/ensor, Mi.–Mo. 10.00–12.00, 14.00–17.00 Uhr). Seit Mitte 2019 versetzt zudem das neue **James Ensor-Haus** Besucher in die Welt des großen belgischen Surrealisten (Vlaanderenstraat 27, Tel 05 9 50 81 18). Das **Mu.ZEE**, 1947 als Kaufhaus erbaut, bietet einen umfassenden Einblick in die belgische Kunst seit Beginn des 20. Jh.s, v. a. der flämischen Expressionisten (Romestraat 11, www.muzee.be, Di. bis So. 10.00–18.00 Uhr).

AKTIVITÄTEN

Der breite Strand von Oostende lädt zum **Baden** ein. Fahrkarten für die **Kusttram** gibt es beim Fahrer, an größeren Stationen deutlich preiswerter am Schalter. Mit dem Tagespass (8 €, im Vorverkauf 6 €) können Busse, Straßenbahnen der Lijn und die Küstentram für beliebig viele Fahrten benutzt werden.

VERANSTALTUNGEN

Der **„bal du rat mort"** („Ball der toten Ratte"; www.balratmort.com), den einst James Ensor ins Leben rief, bildet noch heute als bizarres Maskenfest im Kursaal den Höhepunkt des Karnevals. Bei der **Kunsttriennale Beaufort** locken auf 65 km Küste gut zwanzig Plastiken und Installationen diverser Künstler (nächster Termin 2021).

UMGEBUNG

Bredene etwa 5 km östlich bietet mehr als 30 Campingplätze und einen Nacktbadestrand. In **De Haan** (10 km nordöstl.) erinnern Jugendstil-Villen an die Zeiten nobler Sommerfrische. Das Wahrzeichen von **Blankenberge** ist sein 350 m ins Meer ragender Pier mit einem Rundbau (Café, Kino, Ausstellungen). Auf die lange Ortsgeschichte verweisen Rathaus (1532) und gotische Hallenkirche. Der v. a. für Holzschnitte bekannte Grafiker und Maler Frans Masereel

wurde 1889 hier geboren. Drei restaurierte Villen von 1894 in der Elisabethstraat bergen das **Belle Époque Centrum**. Die Ausstellung lässt die fröhlich-noble Atmosphäre der Zeit zwischen 1870 und 1914 lebendig werden (www.belle.epoque.blanken berge.be, Di.–So. 14.00 bis 17.00, Juli, Aug. bis 18.00 Uhr). Mit mehr als 50 Becken ist der **Sea Life Marine Park Blankenberge** das größte begehbare Aquarium Belgiens (Koning Albert-I-laan 116, www.visit sealife.com/blankenberge, April–Juni tgl. 10.00 bis 18.00, Juli/Aug. bis 19.00, sonst bis 17.00 Uhr). Im Seebad **Knokke-Heist** schuf René Magritte für das Casino einen Freskenzyklus über mehr als 70 m. Legendär ist auch die Halle des Gebäudes mit Werken u. a. von Keith Haring. Das Villenviertel Het Zoute, der Golfplatz sowie rund 50 Kunstgalerien zeugen vom noblen Anspruch des Bades. Im Aug. gestalten Feuerwerkkünstler am Albertstrand (Knokke-Duinbergen) ein pyrotechnisches Spektakel.

INFORMATION

Toerisme Oostende vzw,
Monacoplein 2, 8400 Oostende,
Tel. 05 9 70 11 99, www.visitoostende.be

③ Veurne

Vom Ende des 16. Jh.s an unter spanischer Herrschaft, bewahrte das einst befestigte Städtchen noch den iberischen Einfluss. Im 1. Weltkrieg war es das Zentrum des nicht von den Deutschen besetzten Teils von Belgien.

SEHENSWERT

Mit seinem **Grote Markt** besitzt Veurne einen der schönsten Marktplätze Belgiens. Das Innere des **Stadhuis** (Rathaus) ist mit Ledertapeten aus Mechelen und Cordobá ausgestattet; weitere interessante Gebäude sind der 1448 begonnene **Spaans Paviljoen** (Span. Pavillon, u. a. als Rathaus dienend), das **Vleeshuis** (Fleischhalle; 1615) und die **Hoge Wacht** (1636). Überragt werden die Häuserzeilen vom gotischen **Belfried** und dem Turm der 1250 begonnenen **Sint-Walburgakerk**. Zum Glockenspiel der **Sint-Niklaaskerk** (15. Jh.)

zählt „t'bomtje" (1379), eine der ältesten Glocken Belgiens. Das Erlebniszentrum **Vrij Vaderland** („Freies Vaterland, Leben hinter der Front") erhellt die Geschehnisse im so genannten belgischen Sektor während des Ersten Weltkriegs (Grote Markt 29, www.vrijvaderland. be, Mo.–Fr. 9.00–17.00, Sa./So. 10.00–17.00 Uhr).

VERANSTALTUNG

Auf die spanische Besetzung geht die **Bußprozession** an jedem letzten Julisonntag zurück.

UMGEBUNG

In der Polderlandschaft um Veurne liegen Dörfchen wie **Avekapelle, Beauvoorde** und **Zoutenaaie**. In **Koksijde/Oostduinkerke** trifft man auf Krabbenfischer. Im Viertel Sint-Idesbald ist dem belgischen Surrealisten Paul Delvaux ein Museum gewidmet (www.delvaux museum.com, April–Sept. Di.–So., Okt., Nov., Dez. Do.–So. 10.30–17.30 Uhr). Innovativ ist das **Abteimuseum Ten Duinen** (www.tenduinen. be, Mo.–Fr. 10.00–17.00/18.00, Sa./So. ab 14.00 Uhr) ausgestaltet. Der Badeort **Nieuwpoort** birgt einen der größten Jachthäfen Europas. Um **De Panne** liegt die „flämische Sahara", das größte Dünengebiet der belgischen Küste.

INFORMATION

Dienst voor toerisme, Grote Markt 29, 8630 Veurne, Tel. 05 8 33 55 31, www.toerisme-veurne.be

④ Ieper (Ypern)

„Stadt des Friedens" nennt sich heute das im Ersten Weltkrieg zerstörte, einst durch Tuchhandel erblühte und wiedererbaute Ieper.

SEHENSWERT

Die **Lakenhalle** am Grote Markt beeindruckt selbst als Rekonstruktion. Auch die **Sint-Marteenskathedraal** sowie Bürgerhäuser aus Gotik und Renaissance wurden wiedererbaut. Kasematten und der allabendliche Zapfenstreich am **Menenpoort** erinnern an die Gefechte des Ersten Weltkriegs.

MUSEUM

Die Lakenhalle birgt das **In Flanders Fields Museum TOPZIEL**, das das Kriegsgrauen aus verschiedenen Perspektiven lebendig werden lässt (www.inflandersfields. be, tgl. 10.00 bis 17.00/18.00 Uhr, 1. Hälfte Jan. geschl.).

UMGEBUNG

Südlich von Ieper erstreckt sich das malerische **Heuvelland**, eine ideale Fahrradgegend. **Poperinge** (ca. 12 km westlich) ist Zentrum des Hopfenanbaus. Ca. 20 km östl. liegt die historische Textilstadt **Kortrijk** mit Beginenhof und ca. 20 km nördl. davon **Diksmuide**.

INFORMATION

Toerisme Ieper, Grote Markt 34, 8900 Ieper, Tel. 05 7 23 92 20, www.toerismeieper.be

---

Genießen   Erleben   Erfahren

Segeln auf Sand

DuMont Aktiv

Mit ihren hellen Sandstränden lockt die rund 60 Kilometer lange Küste Flanderns. Wie wäre es bei so viel Platz mal mit Strandsegeln? Das Dahinflitzen am Strand mit dem Segelwagen (fläm. „zeilwagen", frz. „char à voile") hat hier eine lange Tradition. Bereits 1906 testeten die Brüder Dumont hier ihr neuestes Modell mit Holzrädern, v-förmigem Mast und dreieckigem Segel.

Hoher Funfaktor: Für uns heißt es nun zunächst Helm auf, Windjacke an, und los geht es. Am besten erst mal im Zweisitzer, mit dem Lehrer an der Seite, der das Lenkseil hält. Rasch stellt sich aber heraus, dass es gar nicht so schwer ist, den Wind im Segel einzufangen und die leichten, dreirädrigen Wagen über den festen Ebbe-Sand zu manövrieren. Wir lernen gleich zu Beginn unserer ersten Unterrichtsstunde den Strand-Segler richtig zu starten und – wichtiger noch – auch wieder anzuhalten.

Wie man das Gefährt hinwendet zum Wind und wie man die Geschwindigkeit drosselt, sollte man wissen. Denn auf dem breitesten Strand der flämischen Küste lassen sich bis zu 120 km/h erreichen – genau das Richtige für Profis. Auch im 21. Jahrhundert messen sich die „Landyachter" hier in Sachen Geschick bei der herbstlichen „Wereldkampioenschap".

Weitere Informationen

Unterricht
Die regionale Strandsegelföderation LAZEF in De Panne bietet im Juli und August sowie während der belgischen Oster- und Herbstferien Einzelstunden im Strandsegeln an (jeweils bei Ebbe zwischen 9.00 und 20.00 Uhr, 20 Euro pro Stunde und Wagen; Mindestalter 10 Jahre). Gruppen ab 5 Personen können von März bis Dezember einen eigenen Kurs buchen (Tel. 05 8 42 08 08 oder 058 41 57 47).

Infofahrten
Während des Festivals an Zee (April) und beim Wassersporttag (Mai) gibt es kurze Infofahrten (1,50 Euro).

Die langen, hellen und breiten Sandstrände an Flanderns Küste bieten vielfältige Freizeitmöglichkeiten: von ausgiebigen Strandwanderungen bis zum flotten Strandsegeln.

Die charmantesten Unterkünfte

Mit dem gewissen Etwas

Wie bei Freunden in einem Privatpalais aus dem 18. Jahrhundert schlafen; für eine Nacht im „Himmelreich" logieren; sein müdes Haupt in einer Atmosphäre aus Vintage und Design betten – oder Eco-Punkte in charmanten Kanalhäusern sammeln: in Flandern ist die Palette der Gäste-Unterkünfte sowohl in Sachen Stil als auch preislich breit gefächert!

⑤ Hôtel Verhaegen

Kamin und Kristalllüster, historische Wandmalereien und moderne Kunst, Himmelbett und Marmorwanne: Das B & B Hôtel Verhaegen in einem Herrenhaus aus dem 18. Jahrhundert schickt jeden Gast auf eine Reise durch die Zeiten. Die vier eleganten Zimmer wurden – wie das gesamte Patrizieranwesen – von den Besitzern, zwei Innenarchitekten, individuell ausgestattet und dekoriert. Im Speisesalon wird ein großzügiges Frühstück serviert; im Sommer locken ein schattiger Innenhof als Alternative und der wunderbare Garten zum Entspannen. Zum Stadtzentrum von Gent spaziert man in zehn Minuten.

Oude Houtlei 110,
9000 Gent,
Tel. 09 2 65 07 60,
www.neooselonneo.be,
DZ ab 210 Euro

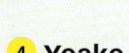

③ Martin's Relais

Gemütlich-eleganten Landhausstil verströmt das ruhig gelegene, in fünf Kanalhäusern aus dem 17. Jahrhundert eingerichtete 44-Zimmer-Relais mit kleinem Innenhofgarten und zum Teil großartigen Ausblicken. Das Hotel besitzt ein Eco-Management-Zertifikat und auch jeder Gast kann bei seinem Aufenthalt Eco-Punkte sammeln, zum Beispiel durch minimales Absenken der Raumtemperatur oder das Ausschalten des Computers nach Gebrauch. 100 Eco-Voucher können in einen 50-Euro-Gutschein umgetauscht werden.

Genthof 4a, 8000 Brügge,
Tel. 05 0 34 18 10,
www.martinshotels.com,
DZ ab 155 Euro

④ Yoake

Romantisch mit Kamin, Himmelbett und Bogentüren? Oder klare Moderne unter weißem Gebälk? Die beiden Zimmer in einem privaten kleinen Stadthaus aus dem 19. Jahrhundert werden durch ein öffentliches Wellnesscenter ergänzt, das die Besitzerin Liesbeth Dewaele nach dem Feng-Shui-Prinzip einrichten ließ. B & B-Gäste erhalten einen kleinen Preisnachlass auf die Anwendungen. Wer mag, kann zudem eine Vespa für Ausflüge leihen.

Tempelstraat 35,
8900 Ieper (Ypern),
Tel. 05 7 20 35 14,
www.yoake-ieper.be,
DZ 90 Euro, inkl.
2 Stunden Wellness 150 Euro

① Huyze Elimonica

Klassische Gastlichkeit in einer stilvoll renovierten Stadtvilla aus dem Jahre 1899, nur knapp 500 m vom Strand und einen Steinwurf vom Leopoldpark entfernt. In den drei großzügigen Zimmern mit Kingsize-Betten, schönen Lüstern und warmem Farbkonzept darf allerdings nicht geraucht werden. Dafür gibt es ein üppiges Frühstück sowie kostenloses Parken. Nur Barzahlung.

Euphrosina Beernaertstraat 39, 8400 Oostende,
Tel. 04 79 67 07 09 oder 04 75 91 56 95,
www.elimonica.be,
DZ ab 140 Euro

② Esprit de Mer

Ebbe, Flut und Wellenbrecher – so heißen übersetzt die drei Zimmer dieses B & B im Zentrum von De Panne. Sie atmen nicht nur den Geist des Meeres (so der Name der Villa, in dem sie untergebracht sind), sondern ein wenig auch jenen der Belle Époque an seinem Küstensaum. Der ist übrigens nur knapp 400 m entfernt. Beim Frühstück mit hausgemachter Marmelade blickt man durchs Fenster auf den Marktplatz.

Visserslaan 10,
8660 De Panne,
Tel. 05 81 46 56 ,
www.espritdemer.be,
DZ ab 100 Euro

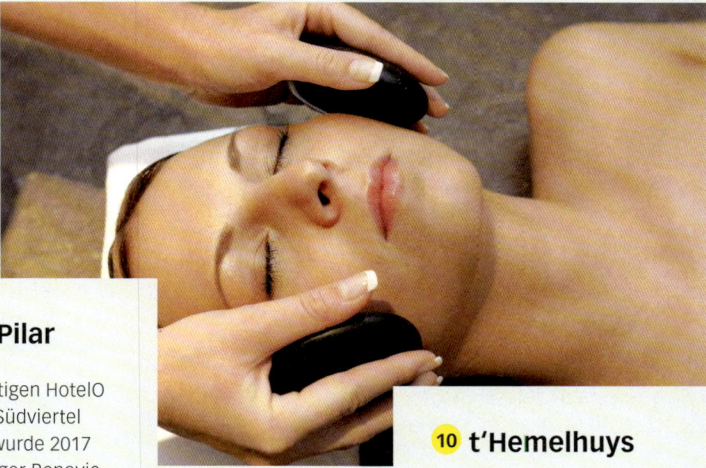

6 Stokerij Van Damme

Ferien auf dem Bauernhof – aber auf einem besonderen. Denn Ludo und Dominique Lampaert halten nicht nur Rinder und bewirtschaften große Ackerflächen. Sondern auf ihrem Gehöft zwischen Aalst und Gent wird seit 1826 in erster Linie Genever gebrannt. Die sechs 2011 eingerichteten Gästezimmer in einem Flügel des Vierkanthofs sind einfach und hell, mit Fliesenboden und teils modernem, teils historischem Mobiliar.

Issegem 2,
9860 Oosterzele-Balegem,
Tel. 09 3 62 50 25,
www.stokerijvandamme.be,
DZ ab 125 Euro

7 Hotel des Galeries

Zentraler geht es kaum: im Herzen der historischen Galeries Royales Saint-Hubert (Abb. S. 114 links) staffeln sich auf vier Etagen die zwei Dutzend Zimmer (mit Ankleideraum!) und Suiten des jungen Boutique-Hotels. Belgische Designer wie Camille Flammarion (Keramik-Nachttische) oder Fleur Delesalle sorgten für Akzente in der Ausstattung, sodass ein gelungener Mix aus einzigartig und alltäglich entstand – oft „garniert" mit tollen Ausblicken zum Beispiel auf die Kathedrale oder auf die Königlichen Galerien.

Rue des Bouchers 38,
1000 Brüssel,
Tel. 02 2 13 74 70,
http://hoteldesgaleries.be,
DZ ab 170 Euro

8 Hotel Pilar

Aus dem einstigen HotelO im trendigen Südviertel Antwerpens wurde 2017 nach sorgfältiger Renovierung das Hotel Pilar – mit neuen Betreibern und neuem Design. Sam Peeters als Innenarchitekt sorgte für einen hellen Weiß-Grau-Schwarz-Look mit fröhlichen Farbkontrasten sowohl in den 17 Zimmern als auch in der Lobby mit Foodbar. Außerdem fand im Erdgeschoss des weißen Jahrhundertwendebaus, der einst eine Druckerei barg, ein Shop mit hauseigenen Kreationen und ungewöhnlichen Fundstücken anderer Designer seinen Platz.

Leopold de Waelplaats 34,
2000 Antwerpen,
Tel. 03 2 92 65 10,
www.hotelpilar.be,
DZ ab 135 Euro (ohne Frühstück)

9 Bed & Breakfast Alizée

Stilvoll und sehr persönlich empfängt das Alizée seine Gäste in zwei Zimmern und einem kleinen Gemeinschaftssalon auf der ersten Etage eines historischen Herrenhauses. Es bringt nostalgische Elemente mit einem Ambiente mal in Rot-Weiß, mal in Grautönen zusammen. Zum Frühstück werden hausgemachtes Brot und Marmeladen angeboten sowie Produkte aus der Region.

Sint-Maartenstraat 41,
3000 Leuven,
Tel. 04 8 03 73 83,
www.bbalizee.be,
DZ ab 100 Euro

10 t'Hemelhuys

Zwei Freundinnen – ein Projekt. Ann und Liesbeth schufen im Herzen von Hasselt ein charmantes Gästerefugium. Sie möblierten es mit Antiquitäten aus der Provence, suchten belgisches Leinen aus und ließen Terrakottafliesen verlegen. Und nun sorgen die beiden Betreiberinnen eigenhändig für das leibliche Wohl ihrer Gäste, denn das Brot, die Croissants und die *pistolets* (Brötchen) für das Frühstück backen sie täglich selbst. Übrigens: der Name des B&B bedeutet Himmelshaus ...

Hemelrijk 15,
3500 Hasselt,
Tel. 01 1 35 13 75,
www.hemelhuys.be,
DZ ab 105 Euro

Zu Flandern gehören Genever und „frietjes". Die Geschichte des Landes vermitteln Museen, wie das Museum In Flanders Fields in Ieper.

Service

Auf den folgenden Seiten haben wir für Sie wichtige Informationen rund um Ihren Flandern-Urlaub zusammengestellt, um Ihnen die Planung zu erleichtern.

Anreise

Mit dem Auto: Von Deutschland lässt sich Flandern sehr gut über die A 3/E 40 via Aachen und Lüttich erreichen. Reisende aus dem Norden sind mit der Strecke über Venlo–Eindhoven besser bedient (A 21/A 67/E 34) oder mit der A 1/E 19, die nach Antwerpen führt. Von Süden her empfiehlt sich die Route über Saarbrücken/Luxemburg (A 4/E 411).

Mit dem Zug: Flandern ist von Deutschland aus via Köln auf der Schiene bestens erreichbar. Ein ICE fährt 3- bis 4-mal tgl. direkt von Frankfurt nach Brüssel; der Thalys von Köln aus 5-mal tgl. Aus Süddeutschland und der Schweiz bietet sich die Verbindung Basel–Luxemburg–Brüssel an. In Brüssel ist zu beachten, dass es drei verschiedene Bahnhöfe gibt. Innerhalb Flanderns existieren gute Verbindungen mit den belgischen Eisenbahnen (Nationale Maatschappij der Belgische Spoorwegen NMBS/SNCB). Es gibt häufige Verbindungen, die Fahrtkosten sind günstig, zudem gibt es viele Angebote wie Tageskarten, Wochenendtickets oder Railpässe (www.nmbs.be sowie www.sncb.be).

Thalys-Hotline in Deutschland: 018 07 07 07 07, tgl. 8.30–18.30 Uhr, www.thalys.com/de

ICE-Buchungen: www.bahn.de

Mit dem Flugzeug: Die Deutsche Lufthansa (www.lufthansa.de) fliegt u. a. von Frankfurt/Main, München, Hamburg, Berlin direkt nach Brüssel (International Airport, Zaventem); Brussels Airlines (www.brusselsairlines.be) ebenfalls. Mehrmals stündlich verbindet ein Zug (ca. 20 Min. Fahrtzeit) den ca. 14 km östlich vom Zentrum gelegenen Flughafen mit dem Süd-, Zentral- und Nordbahnhof von Brüssel. Ein Airport Express Bus fährt tgl. zwischen 5.00 Uhr

morgens und 24.00 Uhr (So. 7.00–24.00 Uhr) im Stundentakt ins Zentrum von Antwerpen; in der Gegenrichtung zwischen 4.00 und 23.00 Uhr (So. 7.00–23.00 Uhr). Die Fahrt dauert ca. 45 Minuten. Ein Ticket kostet für die einfache Strecke ca. 10 Euro und kann beim Busfahrer gekauft werden (www.airportexpress.be).

Brüssel International Airport
Tel. 09 00 7 00 00 aus Belgien, sonst 0032 2 753 77 53, www.brusselsairport.be

Auskunft

Auf der Website www.visitflanders.de finden sich zahlreiche Hinweise, auch für Reisende mit Handicap.

Tourismus Flandern-Brüssel
Stolkgasse 25-45, D-50668 Köln
Fax 0049 221 2 70 97 77
info.de@visitflanders.com

Tourismuswerbung Flandern-Brüssel
Mariahilfer Straße 121 b, A-1060 Wien
Tel. 00 43 1 5 96 06 60
www.flandern.at

Toerisme Vlaanderen
(Tourismusorganisation für Flandern)
Grasmarkt 61,
B-1000 Brüssel,
Tel. 00 32 2 5 04 03 90
www.visitflanders.com

Weitere Adressen
www.toerismevlaanderen.be
(auch für die Schweiz zuständig)

Autofahren

Belgien hat eines der leistungsfähigsten Autobahnnetze in Europa, (noch) gebührenfrei – eine Maut ist in der Diskussion – und bei Nacht auf weiten Strecken beleuchtet. Zwischen 0.30 und 4.30 Uhr wird jedoch die Straßenbeleuchtung aus ökologischen Gründen überall abgeschaltet. Bleifreies Benzin („sans plomb/loodvrij") ist an jeder Tankstelle erhältlich.

Regeln: Es gilt Anschnallpflicht sowohl für den Fahrer als auch für alle weiteren Autoinsassen. Kinder unter 12 Jahren dürfen nicht auf dem Vordersitz sitzen, sofern Platz auf dem Rücksitz ist. Das Tragen von fluoreszierenden Warnwesten ist für Autofahrer Pflicht, wenn sie ihr Fahrzeug außerhalb von geschlossenen Ortschaften verlassen und sich auf der Fahrbahn aufhalten. Innerhalb der Ortschaften haben Schienenfahrzeuge und Autobusse des öffentlichen Verkehrs immer Vorfahrt – sofern eine Ampel dies nicht anders regelt. Wer trotz Vorfahrtsberechtigung anhält, verliert die Vorfahrt. Die Promillegrenze liegt in ganz Belgien bei 0,5; wer mit mehr Alkohol im Blut erwischt wird, zahlt mindestens 140 Euro. Überhaupt erheben die Belgier saftige Bußgelder auf ihren Straßen: Falsches Parken kostet ab 50 Euro (eine gelbe Linie am Bordsteinrand zeigt an, dass hier Parkverbot herrscht). Überholen im Überholverbot oder das Überfahren einer roten Ampel bzw. Geschwindigkeitsüberschreitungen schlagen mit mind. 150 Euro zu Buche.

Am Scheldeufer in Antwerpen lässt man sich die Luft um die Nase wehen.

Geschwindigkeitsbegrenzungen: innerhalb von geschlossenen Ortschaften im Allgemeinen 50 km/h, auf Landstraßen 90 km/h, auf Autobahnen 120 km/h.
Mietwagen: Die bekannten gängigen Autoverleihfirmen finden sich in jeder größeren Stadt in Flandern.

Camping

Flanderns Camping- und Zeltplätze verteilen sich über alle Provinzen von Limburg bis an die Nordseeküste. Sie liegen meist abseits der Hauptverkehrsstraßen in den grünen Lungen der Provinzen. Es können dort nicht nur eigene Fahrzeuge/Zelte ab- bzw. aufgestellt, sondern auch Unterkünfte gemietet werden.

Essen & Trinken

Spätestens seit dem Gemälde „Bauernhochzeit" von Pieter Bruegel d. Ä. wissen wir: Flandern ist ein Schlemmerparadies. Essen gehört zur Genießernatur der Flamen. Französische Raffinesse paart sich in der flämischen Küche mit burgundischer Reichhaltigkeit.
Das Angebot an frischen Zutaten ist groß. Das nahe Meer liefert Seezunge und Scholle, die berühmten Muscheln (Mosselen) und die feinen, kleinen grauen Nordseegarnelen. Den Gaumen betören die Flossenträger und Schalentiere u. a. in Gestalt einer üppigen Genter Waterzoij (Gemüse-Fisch-Suppe) oder frisch frittierter Garnelenkroketten.
Apropos frittiert: **Pommes frites** (flämisch: „frietjes") werden in Flandern nicht nur unbedingt zu **Muscheln** serviert, sondern durchaus auch solo gewürdigt, allenfalls mit dem Klassiker Mayonnaise als Begleitung. An/in mancher „frituur" bzw. „frietkot" gibt es für die goldenen Kartoffelstäbchen – zwei Mal müssen sie gebacken sein, zuerst bei 150 Grad, dann bei 180 Grad! – aber auch eine große Bandbreite von Saucen, darunter exotische wie Samurai.
Gemüse wächst reichlich auf den fruchtbaren Böden Flanderns – der legendäre Chicorée vor allem, aber z. B. auch Spargel (in der Region um Mechelen) oder Rosenkohl.
Fleischgenuss ist den Flamen ebenfalls eine kulinarische Herzensangelegenheit – vom Wild

über Huhn (etwa in einer Variante der Gentse Waterzooi) bis zur Räucherwurst. Letztere ist unverzichtbarer Bestandteil eines echten Hutsepot, eines deftigen Schmorgerichts mit Karotten, Kartoffeln, Grün- und Rosenkohl, Speck und allerlei Schwein, vom Fuß über die Ohren bis zum Schwänzchen ...
Kuh oder Kalb indes braucht es für einen anderen traditionellen „Vlaamse stoofschotel": das Stoverij, eine Art Gulasch. Wie so manche andere flämische Fleischspeise wird auch diese von einer bierigen Sauce begleitet – bei mehr als 500 Biersorten im Land kein Wunder. Für

das Stoverij muss es ein süßliches Dunkelbier sein – zimmerwarm. (Kenner ersetzen beim Stoverij übrigens das oben aufliegende Weißbrot durch Lebkuchen und verwenden unbedingt braunen Zucker und Senf aus der berühmten Manufaktur Tierenteyn in Gent.)

Andere Kreationen auf der Basis „brauerischer Vielfalt" sind z. B. Kaninchen in Krik (Kirschbier), Truthahn in Abteibier oder „Gratin nach Brauersart". Zum Verdauen eignet sich dann bestens ein Genever ...
Süßes gehört bei den Flamen ebenfalls unbedingt zum kulinarischen Alltag und gestaltet sich in Form von frischen warmen Waffeln in allen Variationen, als Törtchen oder den legendären Pralinen (s. Thema S. 106) ...

Feste und Feiertage

Feiertage: 1. Januar (Neujahr), Ostermontag, 1. Mai (Tag der Arbeit), Christi Himmelfahrt, Pfingsten, 11. Juli (Fest der flämischen Kulturgemeinde), 21. Juli (Nationalfeiertag), 15. August (Mariä Himmelfahrt), 1. November (Allerheiligen), 11. November (Gedenktag zum Ende des Ersten Weltkriegs), 25./26. Dezember (Weihnachten)

Flussfahrten/-reisen

Flandern lässt sich bestens auch vom Wasser aus erkunden. Das Angebot reicht von Hafenrundfahrten (z. B. in Zeebrugge) und thematischen Bootstouren wie z. B. der Pfannkuchen-

rundfahrt in Antwerpen (www.janplezier.be) über Hausbootferien auf Flüssen und Kanälen (beispielsweise ab Nieuwpoort nach Oostende, Brügge, Gent, Deinze und zurück, www.nautictours.de) bis hin zu kombinierten Schiffs-/Radtouren etwa zwischen Brügge und Brüssel, bei

Daten & Fakten

Gebiet
Gesamtfläche: ca. 13.500 km²
Einwohner: ca. 6,5 Mio.

Die Flämische Region besteht aus den Provinzen Flämisch-Brabant, Limburg, Antwerpen, Ostflandern, Westflandern.
Das historische Flandern reichte ursprünglich bis ins heutige Frankreich hinein (Dünkirchen/Lille) und umfasste neben der eigentlichen Grafschaft Flandern die Herzogtümer Brabant und Limburg.
Heute erstreckt sich der Teilstaat des Königreichs Belgien über fast den gesamten Norden des Landes: von der Küste mit ihren Stränden zwischen Knokke-Heist und De Panne über flache Polder-, Kanal- und Flusslandschaften (Schelde, Lys, Yperle, Dender und Leie) bis zu den sanften Wellen des Haspengaus und des Hagellands im Osten sowie den Hügeln des Brabanter Pajottenlandes und des Heuvellandes.
Letzteres sowie die flämischen Ardennen markieren die Grenze zur Wallonie.

Staatsform (Belgien)
Konstitutionelle Monarchie, Zweikammersystem, Bundesstaat

Städte
(Einwohnerzahlen)
Brüssel (Stadt 176 500 Einwohner, Region mit 18 Gemeinden 1,1 Mio. Einw.)
Antwerpen (520 500)
Brügge (118 000)
Gent (260 000)
Leuven/Löwen (100 000)
Mechelen (85 500)
Oostende (71 000)

Sprache
In Flandern wird Flämisch bzw. Niederländisch gesprochen; in (und um) Brüssel vorwiegend Französisch.

Wirtschaft
Von Bedeutung sind Land- und Viehwirtschaft sowie u. a. der Fahrzeugbau, wichtig ist auch der Tourismus.

Der Strand bei Oostende lockt Strandsegler, das Kasteel van Laarne Liebhaber von Silber, seiner Sammlung wegen.

Zeebrugge ist der größte Fischereihafen Belgiens und der einzige Seehafen des Landes, der gleich an der Küste liegt.

denen ein ehemaliger Schleppkahn als schwimmendes Hotel die Gruppe begleitet (z. B. www.rueckenwind.de).

Geld

Geldautomaten findet man fast überall. Kreditkarten werden in großen Hotels und Restaurants sowie in vielen Geschäften, Supermärkten, Tankstellen und an den Mautstellen der belgischen Autobahn angenommen.

Hotels

Preiskategorien

€ € € €	Doppelzimmer	über 200 €
€ € €	Doppelzimmer	150 – 200 €
€ €	Doppelzimmer	100 – 150 €
€	Doppelzimmer	50 – 100 €

In Flandern sind alle Hotelklassifizierungen zu finden, von Jugendherbergen über B & Bs bis hin zu Luxushotels mit viel Charme.

Jugendherbergen

In ganz Flandern gibt es rund zwei Dutzend spezielle Unterkünfte für Jugendliche, allein fünf davon in Brüssel. Auskünfte über: Flamse Jeugdherbergen, Beatrijslaan 72, 2050 Antwerpen, Tel. 03 2 32 72 18, www.vjh.be sowie www.jeugdherbergen.be.

Kinder

Für Kinder ist Flandern sicher ein Paradies. Flache Sandstrände, Themen-, Freizeit- und Wasserparks lassen keine Langeweile aufkommen, wie auch die Fülle interessanter Museen, die sich thematisch von Wissenschaft und Technik bis hin zur berühmten Comickunst erstrecken. Fast immer gibt es in Restaurants auch ein Kindermenü, Kinderbetten in den Hotels und für Radurlauber Kinderfahrräder zum Ausleihen bzw. Kindersitze oder -anhänger.
In Bussen und Straßenbahnen fahren Kinder bis 5 Jahre in ganz Flandern kostenlos.

Literatur

Johanna Blackader: Peter Paul. Rubens Leben, Acabus Verlag 2015. Biografischer Roman über den flämischen Maler, der den Leser aus dem Antwerpen des 16. Jh.s nach Italien und zurück führt.

Hugo Claus: Der Kummer von Belgien, Verlag Klett-Cotta, Stuttgart 2008
Der 2008 in Antwerpen verstorbene Claus verfasste mehr als hundert Werke. In seinem 1983

Info

Geschichte

ca. 450 v. Chr.: Besiedlung durch die Kelten
57–51 v. Chr.: Julius Caesar erobert die Gebiete des heutigen Belgien.
5. Jh.: Die salischen Franken nehmen von dem Gebiet des heutigen Belgien Besitz.
843: Im Vertrag von Verdun wird das fränkische Reich geteilt. Fast ganz Flandern wird Teil des Westfrankenreichs.
13. Jh.: Wollhandel und die Tuchproduktion machen Flandern zum Wirtschaftsgebiet.
1302: Sieg der Flamen bei Kortrijk.
1384: Flandern gelangt durch Heirat an Burgund (bis 1479).
15. Jh.: Flandern und Brabant sind europäisches Wirtschaftszentrum.
1433: Philipp der Gute macht sich zum Herrn über die gesamten Niederlande.
1477: Die gesamten Niederlande fallen an Habsburg.
1556: Die Niederlande mit Flandern kommen unter spanische Herrschaft.
1581: Die Nordprovinzen (Holland) erklären sich für unabhängig von Spanien. Ihr Status wird jedoch erst 1648 im Westfälischen Frieden bestätigt. Mehr als 100 000 Flamen wandern in den Kriegsjahren aus. Handel und Gewerbe verlagern sich nach Norden.
1713: Frieden von Utrecht: Die südlichen Niederlande gehen an Österreich.
1792/93: Französische Revolutionstruppen besetzen das Land.
1814: Die Quadrupelallianz gegen Napoleon einigt sich im Vertrag von Chaumont, die nördlichen und südlichen Niederlande zum

Königreich der Vereinigten Niederlande zusammenzuschließen.
1830: Aufstand in Brüssel. Eine neue Regierung erklärt Belgiens Unabhängigkeit.
1914–1918: Flandern ist Schauplatz erbitterter Kämpfe.
1962: Die Sprachgrenze zwischen Flamen und Wallonen wird gesetzlich festgelegt.
1960er-/1970er-Jahre: Durch den Niedergang traditioneller Industrien verarmt der wallonische Süden, das bisher arme Bauernland Flandern hingegen erblüht durch die Ansiedlung neuer Industrien.
1993: Albert II. übernimmt die Regentschaft. Eine Verfassungsänderung erweitert Flanderns Autonomiestatus.
2007: Eine Regierungskrise erschüttert ganz Belgien, es droht die Teilung des Landes. Ca. 35 000 Flamen und Wallonen gehen zum „Marsch für die Einheit" auf die Straße.
2009: Die Regionalwahlen zementieren die politische Spaltung des Landes: Flandern wählt konservativ, Wallonien sozialistisch.
2010: Bruch der Regierung, Neuwahlen im Juni führen zu einem deutlichen Rechtsruck.
2013: König Albert II. dankt zugunsten seines ältesten Sohnes Philippe ab.
2014: Koalitionsregierung aus flämischen Nationalisten, Christdemokraten sowie flämischen und französischsprachigen Liberalen.
2016: Brüssel wird im März von Terroranschlägen erschüttert.
2018: Antwerpen eröffnet sein neues Diamantenmuseum DIVA.

Info

Reisedaten

Flug von Deutschland: Frankfurt/M. – Brüssel ab ca. 100 Euro (Hin- und Rückflug)

Stadtverkehr: Einzelticket ab 2,10 Euro (je nach Zonenanzahl), 10er-Karte 14 Euro

Reisepapiere: Personalausweis/Reisepass; Autoreisenden ist unbedingt die Internationale Grüne Versicherungskarte zu empfehlen

Devisen: Flandern bzw. Belgien gehören zur „Euro"-Zone

Benzin: 1 Liter Super ca. 1,50 Euro

Hotel: DZ/Frühstück: Luxuskat. ab ca. 150 Euro, Mittelklasse 100–150 Euro

Tüte Fritten: ab 2,70 Euro

Tasse Kaffee: ca. 2,50 Euro

Bier vom Fass: Glas (25 cl) ca. 2 Euro

erschienenen Roman „Het verdriet van België" setzt er sich mit der Zeit des Zweiten Weltkriegs in Flandern und Belgien auseinander und lässt seine eigene Lebensgeschichte in die Handlung einfließen.

Willem Elsschot: Käse, Unionsverlag, Zürich 2005
Eine satirische Novelle über Ehrgeiz und Käse, die unter dem flämischen Titel „Kaas" bereits 1933 erschien. Alfons Jozef de Ridder – so der Geburtsname des Autors, Wirtschaftswissenschaftlers und Inhabers einer Werbeagentur – deckt mit knappen Worten schonungslos auf, wie die Menschen aus Gier Versprechungen auf den Leim gehen.

Jean-Claude van Rijckeghem/Pat van Beirs: Schwertkämpferin, Gerstenberg Verlag, Hildesheim 2015
Das Genter Autorenduo erzählt in dem Jugendroman die Geschichte der Marguerite von Male. Die Mitte des 14. Jahrhunderts geborene Erbin von Flandern und Brabant kommt als Ich-Erzählerin zu Wort; sie schildert ihre Kindheit und Jugend sowie die sozialen und politischen Umbrüche, die ihr Leben bestimmten.

Dimitri Verhulst: Der Bibliothekar, der lieber dement war als zu Hause bei seiner Frau, Luchterhand Literaturverlag, München 2014
Verhulst gilt als einer der besten zeitgenössischen Autoren Flanderns. Im Mittelpunkt dieses Romans steht ein Bibliothekar, der so tut, als sei er dement, um seiner dominanten Frau in einer zu kleinen Wohnung auszuweichen.

Reisezeit

Für Strand- und Badefreuden muss es natürlich der Sommer sein, aber bei angenehmen Tagestemperaturen um 20 Grad sind im Juni,

Juli und August dann auch die Flamen, Wallonen und Brüsseler an der Küste.
Angenehm ist oft wieder der September; mit Temperaturen, die mitunter jene des Juni übertreffen. Im Mai scheint die Sonne statistisch gesehen (fast) genau so lange wie im Juli und August (6 Std.) und es herrschen angenehme 15 bis 17 °C – ideale Bedingungen für Spaziergänge, Radtouren, Stadtbesichtigungen. Eine Regenjacke sollte aber stets im Gepäck sein – außer im Mai und Juni liegen die Niederschlagstage pro Monat z. B. in Oostende immer im zweistelligen Bereich.

Restaurants

Preiskategorien

€ € € €	Menu	über 50	€
€ € €	Menu	30 – 50	€
€ €	Menu	20 – 30	€
€	Menu	10 – 20	€

Brüssels Restaurantdichte (über 2000 auf 161 km²), die raffinierte Küche und auch die tollen süßen Leckereien sind international bekannt. Die Stadt gilt als hochkarätige Gourmetmetropole mit ihren Märkten und ethnischen Spezialgeschäften.
Was in Deutschland in Gourmetrestaurants als Spezialität gilt, zum Beispiel Schnecken oder auch Hopfen, ist in der belgischen Küche selbstverständlich. Bezogen auf die Zahl der Einwohner gibt es in Flandern mehr Michelin-Sterne als in Frankreich.

Sport

Küste und Flussläufe bieten zahlreiche Möglichkeiten für den Wassersport – aber vor allen Dingen ist Flandern wegen seiner weitgehend flachen Topografie ein Paradies für Radfahrer bzw. Radwanderer. Viele Strecken längs der Kanäle eignen sich zudem bestens zum Skaten.

Radfahren: In keinem anderen Land der Welt ist Radsport kulturell so tief verwurzelt wie in Belgien. Und Flandern ist gerade wegen seiner Kleinräumigkeit eines der interessantesten Radsport- und Radwanderziele Europas. Insgesamt verfügt es über 7000 km Radwege.
Die Provinz Limburg hat mit 2000 km das dichteste Radwegenetz, Ostflandern bietet 1800 km, Westflandern lockt allein im Küstenbereich mit 600 km, in der Provinz Antwerpen bietet schon die Region Kempen fast 40 Themenrouten. Die klassische Flandernroute (800 km) führt durch einsame Heide, flache Polder, uriges Bauernland, flämische Dörfer und faszinierende Kunststädte. Sie ist gut ausgeschildert und zur Hälfte autofrei.
Leihräder findet man fast überall z. B. in Radläden, an Bahnhöfen oder in fahrradfreundlichen Unterkünften. Bei der Ausleihe (eine vorherige Reservierung wird empfohlen) müssen eine Kaution hinterlegt und ein Ausweis vorgelegt werden. Fast jedes flämische Dorf besitzt eine Radsportkneipe, mehr als 100 sind offiziell als Supportcafés registriert. Die als „fietsvriendelijk" ausgezeichneten Cafés bieten u.a. Unterstellmöglichkeiten für mindestens 20 Räder und verfügen über aktuelle Karten und touristische Informationen. Der eigene Proviant darf ebenfalls im Radcafé verzehrt werden, sofern man ein Getränk bestellt.

In der Königlichen Manufaktur De Wit in Mechelen werden große Wandteppiche kunstvoll restauriert.

Das Angebot der **Radservicestationen** in der Provinz Limburg reicht vom kostenlosen Pkw-Parkplatz über Radverleih. Radständer, Café und sanitäre Einrichtungen bis hin zu einem komplett ausgestatteten Reparaturplatz. An **Fahrradkiosken** gibt es u. a. Karten, Flickzeug, digitale Informationen, Regenkleidung und eine Wetterstation. Bei allen Fragen rund ums Radeln wird einem hier weitergeholfen (www.visitflanders.de/entdecken/radfahren).
Wassersport/Strandaktivitäten: Zum Surfen, Kajaken, Wellenreiten, Segeln eignen sich zum Beispiel die Gewässer bei Bredene und De Panne. Ein besonderes Vergnügen ist das Strandsegeln bei De Panne (s. S. 113).
Auch im Binnenjachthafen Maßec an der Maas kann man gut segeln, surfen und Wasserski fahren. Zahlreiche Flüsschen (z. B. in den Ardennen) und Kanäle sind ideal zum Paddeln und Kanufahren.

Telefon

Ländervorwahlen

Belgien 0032, Deutschland 0049, Österreich 0043, Schweiz 0041
Bereits im Sommer 2015 wurde in Belgien die letzte Telefonzelle abgebaut. Telefoniert wird auch dort fast nur noch mobil. Nach der Abschaffung der Roaming-Gebühren haben sich EU-Mitgliedsstaaten und das Europaparlament zudem 2018 auf eine Senkung der Tarife für Mobilfunk-Telefonate innerhalb der EU geeinigt. Auslandsgespräche innerhalb der EU kosten ab Mai 2019 nicht mehr als 19 Cent/Min.

Notruf

Polizei: 101
Feuerwehr & Krankenwagen: 100
Europäische Notrufnummer (Nummer übers Handy): 112
Giftnotruf: 0032 2 3 45 45 45
Apothekennotdienst: 0900 10 500 (von Belgien aus), www.apotheek.be

Wellness

Beauty- und Spa-Offerten gibt es in ausgewählten Hotels. Wellnesslandschaften finden sich beispielsweise vor den Toren von Leuven (www.saunacenterelzenhof.be), Mechelen (www.mineraal.be) oder westlich von Brüssel (www.thermendilbeek.be).

Zoll

Im privaten Reiseverkehr innerhalb der EU dürfen Waren zum eigenen Verbrauch unbegrenzt mitgeführt werden.

Info

Wetterdaten
Brüssel

	TAGES-TEMP. MAX.	TAGES-TEMP. MIN.	TAGE MIT NIEDER-SCHLAG	SONNEN-STUNDEN PRO TAG
Januar	5°	0°	13,4	1,6
Februar	6°	0°	10,1	2,7
März	9°	2°	13,1	3,4
April	13°	5°	11,3	4,9
Mai	17°	8°	11,9	6,1
Juni	20°	11°	10,5	6,2
Juli	22°	13°	10	6
August	22°	13°	10	5,9
September	19°	10,5°	9,5	4,8
Oktober	14°	7,5°	10,2	3,7
November	9°	3°	13	2,2
Dezember	6°	1°	12,7	1,4

Ein Abstecher zu großer Kunst ist in Flandern immer möglich, etwa zu J. van Hoeckes „Jakob und Esau" im Groeningemuseum in Brügge.

Register

Impressum

4. Auflage 2019
© DuMont Reiseverlag, Ostfildern

Verlag: DuMont Reiseverlag, Postfach 3151, 73751 Ostfildern, Tel. 0711/4502-0,
Fax 0711/4502-343, www.dumontreise.de
Geschäftsführer: Dr. Thomas Brinkmann, Dr. Stephanie Mair-Huydts
Programmleitung: Birgit Borowski
Redaktion: Achim Bourmer
Text: Rita Henß
Exklusiv-Fotografie: Rainer Kiedrowski
Titelbild: Jean-Daniel Sudres/hemis.fr/laif
Zusätzliches Bildmaterial: akg images/De Agostini Picture Library 21 u. li.; Bart
Albrecht 55 re.; Corbis/Eric Audras/Onoky 20 re.; Corbis/Leduc/photocuisine 55
u. li.; Corbis/Paul Raftery 10/11; Corbis/Steven Vidler 109; dpa/picture alliance/
Javier Lizon 107 o. re.; dpa/Art Media 45 u.; DuMont Bildarchiv/Frank Heuer 75 o.;
DuMont Bildarchiv/Urs Kluyver 44 u. re. und li.; Glow Images/Deposit Photos 21 o.
li.; laif/H. Aussouline/Opale/Leemage 35; laif/hemis.fr/Ludovic Maisant 71; Look-
Foto/age fotostock 29 o. li.; Look-Foto/Sabine Lubenow 8/9; mauritius images/
Arterra Picture Library/Alamy 21 u. re.; mauritius images/Mark Bassett 114 re.;
mauritius images/Michelle Chaplow/Alamy 55 li.; mauritius images/Garden Photo
World, Alamy 21 o. re.; mauritius images/imageimage/Alamy 114 li.; mauritius
images/Jochen Tack/Alamy 37; mauritius images/Juliet Ferguson/Alamy 36 o.;
mauritius images/Carlos Sánchez Pereyra 70; mauritius images/Keith J. Smith/
Alamy 20 li.; mauritius images/P. Widmann 115 u. re.; Dover Publications 114
o.; istock 54 o., 55 o. re.; Shutterstock: 20 o., 41 o., 55 o. re., 93 o., 115 Mi.;
Vectorstock 59 o., 113 o.; www.de-kaai.be 54 rechts; www.hotelverhaegen.be
115 o. li. und o. re.; www.la-buvette.be/© Frédéric Raevens 55 u. li.; © www.
atomium.be – SABAM 2016 (Rainer Kiedrowski) 33; © Johan de Moor: 4 o. li., 34;
© VG Bild-Kunst, Bonn 2019: 29 o. li.; © Anselm Reyle 79 u.
Textquellen: Bundespräsident Joachim Gauck, Rede am 4. August 2014 in
Lüttich: http://www.bundespraesident.de/SharedDocs/Reden/DE/Joachim-
Gauck/Reden/2014/08/140804-Gedenken-Luettich.html (103); Herwig Guratzsch,
Die große Zeit der niederländischen Malerei, Stuttgart/Hamburg/München
1979, S. 267 (79); Paul Fournel, Anquetil – Mit Leib und Seele, Wien 2014 (92);
Helmut Schmidt, Die Deutschen und ihre Nachbarn, Berlin 1990, 338 (97), John
Vermeulen, Die Elster auf dem Galgen, Zürich 1995, S. 39 (63), 403 (53)
Grafische Konzeption, Art Direktion, Layout: fpm factor product münchen
Cover Gestaltung: Neue Gestaltung, Berlin
Kartografie: © MAIRDUMONT GmbH & Co. KG, Ostfildern
Kartografie Lawall (Karten für „Unsere Favoriten")
DuMont Bildarchiv: Marco-Polo-Straße 1, 73760 Ostfildern, Tel. 0711/4502-266,
Fax 0711/4502-1006, bildarchiv@mairdumont.com

Für die Richtigkeit der in diesem DuMont Bildatlas angegebenen Daten –
Adressen, Öffnungszeiten, Telefonnummern usw. – kann der Verlag keine
Garantie übernehmen. Nachdruck, auch auszugsweise, nur mit vorheriger
Genehmigung des Verlages. Erscheinungsweise: monatlich.

Anzeigenvermarktung: MAIRDUMONT MEDIA, Tel. 0711 450 20, Fax
0711 45 02 10 12, media@mairdumont.com, http://media.mairdumont.com
Vertrieb Zeitschriftenhandel: PARTNER Medienservices GmbH, Postfach
810420, 70521 Stuttgart, Tel. 0711 72 52-212, Fax 0711 72 52-320
Vertrieb Abonnement: Leserservice DuMont Bildatlas, Zenit
Pressevertrieb GmbH, Postfach 810640, 70523 Stuttgart,
Tel. 0711 7252-265, Fax 0711 7252-333,
dumontreise@zenit-presse.de
Vertrieb Buchhandel und Einzelhefte: MAIRDUMONT
GmbH & Co. KG, Marco-Polo-Straße 1, 73760 Ostfildern,
Tel. 0711 45 02 0, Fax 0711 45 02 340
Reproduktionen: PPP Pre Print Partner GmbH & Co. KG, Köln
Druck und buchbinderische Verarbeitung:
NEEF + STUMME premium printing GmbH & Co. KG, Wittingen,
Printed in Germany

FSC
www.fsc.org
MIX
Papier aus ver-
antwortungsvollen
Quellen
FSC® C001857

Eine von Berlins Vorzeigeansichten, der Blick auf Bode-Museum und Fernsehturm im Hintergrund.

Vor der Kulisse des Rijksmuseum in Amsterdam lässt sich bei Sonnenschein herrlich verweilen.

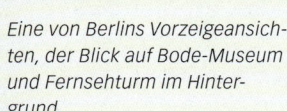

Niederlande

Pulsierende Metropolen
Den Haag, Rotterdam und vor allem Amsterdam imponieren mit eindrucksvollen Altstädten und herausragender moderner Architektur, vor allem aber mit einer quicklebendigen Szene.

Freiheit in einem kleinen Land
Tolerante Drogenpolitik, aber auch viele Stimmen für Rechtspopulisten – wie liberal sind die Niederlande wirklich?

Übernachten mal anders
Haben Sie schon einmal in luftiger Höhe auf einem Kran übernachtet, in einem Baumhaus oder einem Leuchtturm? Einfach mal ausprobieren!

Berlin

Große Kunst
Erwartet Sie in den Berliner Museen, nicht nur in jenen fünf, die auf der Museumsinsel liegen und von der UNESCO zum Welterbe gekürt wurden.

Die Hauptstadt anders erleben
Wie wäre es mit einer Rikscha-Tour durch das historische Berlin, mit einer Rundfahrt im Trabi oder mit einer Führung durch die Unterwelt?

Das hippe Berlin
Prenzlauer Berg, Kreuzberg, Friedrichshain und Neukölln, hier trifft sich heute die Szene! Wir verraten Ihnen, welche Clubs und Bars gerade angesagt sind.

www.dumontreise.de